Qué dice la gente acerca de James Goll y *Cómo Liberar los Dones Espirituales Hoy...*

El libro *Cómo Liberar los Dones Espirituales Hoy* de James Goll es una obra excelente y muy bien escrita. Me gusta cómo utilizó distintas fuentes en lugar de representar tan solo una corriente o el punto de vista de una denominación. James es un estudiante diligente de la Palabra de Dios y los caminos de Dios. Sus años de experiencia y años de estudio están reflejados en este libro. Me encanta estar alrededor de personas brillantes que están llenas del Espíritu y que valoran escuchar de Dios. James fue el primer profeta con el que me senté y pedí oración y activación en lo profético. Siento que Dios está preparando a la iglesia para una nueva visitación. Cuando Él se acerca, experimentamos más de su gracia como un empoderamiento a través de las expresiones de gracia vistas en los dones del Espíritu Santo. Siento que esta es la hora de no seguir satisfechos con conocer acerca de los dones de gracia de Dios; Dios quiere que entendamos cómo oír de Él y actuar en su nombre a través de sus capacitaciones divinas: sus dones. Estoy agradecido a James por este trabajo de amor que ayuda a aclarar para muchos que ahora están acudiendo al banquete del Maestro la importancia, el valor y la forma de comenzar a fluir y crecer en sus dones.

—*Randy Clark, D. Min.*
Fundador y presidente de Global Awakening y Apostolic Network of Global Awakening

El Dr. James Goll es un precursor y pionero en los movimientos profético y apostólico, impactando las naciones durante décadas con sus dinámicas enseñanzas y profunda visión espiritual. *Cómo Liberar los Dones Espirituales Hoy* construye sobre el abundante legado del Espíritu Santo evidente en la vida y ministerio del Dr. Goll. Esto es más que un libro; es una herramienta sobrenatural de activación para cada creyente. A través de las páginas de este manual sobrenatural, los creyentes recibirán enseñanza profética sobre cómo reconocer, activar y liberar los dones del Espíritu Santo en sus vidas. Contrariamente a la creencia popular, los dones del Espíritu no son estáticos sino que requieren nuestra activa participación y colaboración. Este libro divinamente inspirado responderá a sus preguntas vitales, como: "¿Son los dones del Espíritu relevantes para hoy?"; "¿Cómo me vuelvo más sensible al Espíritu Santo?"; "¿Cómo liberan los creyentes el poder del Espíritu Santo en sus vidas?". Si usted está listo para caminar en una dimensión mayor de lo sobrenatural, ¡este libro es para usted! Lea con intencionalidad y hambre, ¡y nunca volverá a ser el mismo!

—*Kynan T. Bridges*
Fundador y presidente de Kynan Bridges Ministries, Inc.
Pastor de Grace & Peace Global Fellowship
Autor internacional de éxito

En *Cómo Liberar los Dones Espirituales Hoy*, James Goll le invita a conocer y apreciar los dones del Espíritu y a entender claramente lo que significa que usted los libere. Con una sólida enseñanza bíblica, ideas de destacados líderes cristianos, testimonios emocionantes y aplicación personal, le abrirá el mundo de lo sobrenatural donde el movimiento del Espíritu es la norma, donde personas ven la gloria de Dios, y donde la sanidad y la plenitud son restauradas a individuos y comunidades.

—*Dr. Ché Ahn*
Apóstol, Harvest Apostolic Center, Pasadena, California
Pastor principal, HRock Church
Presidente, Harvest International Ministry
Rector internacional, Wagner Leadership Institute

James Goll nos ha proporcionado un libro excelente que dará tanto a estudiantes como a eruditos mucho que considerar. *Cómo Liberar los Dones Espirituales Hoy* activará sus dones y le dará un deseo de liberarlos al cuerpo de Cristo con sabiduría y gracia. Más que solo un libro, esta obra está llena de visión de un verdadero amigo del Espíritu Santo. ¡Usted querrá más de un ejemplar para compartir con sus amigos, su grupo de estudio de hogar, su iglesia!

—*Dr. Brian Simmons*
The Passion Translation Project
Stairway Ministries

El Dr. James Goll es uno de los maestros más profundos de nuestros días sobre temas pertenecientes al Espíritu de Dios y la vida del reino. Sus enseñanzas son proféticamente inspiradas, y sin embargo, cualquier individuo académicamente motivado verdaderamente se sentará ante un festín cuando use sus materiales y reciba una infusión profética al mismo tiempo. Los dones del Espíritu es un tema querido para mí como lo fue el primer entrenamiento oficial que recibí como nuevo creyente. En su libro, James hace un trabajo brillante de capacitar al estudiante hambriento tanto con entendimiento como con activación de estas maravillosas herramientas del reino.

—*Patricia King*
Fundadora de XP Ministries
www.patriciaking.com

El nuevo libro de James Goll es lectura obligada para todos aquellos que quieren crecer en las áreas de oír la voz de Dios y desarrollar los dones del Espíritu en sus vidas. He tenido el honor de ministrar con este querido hombre y verle enseñar, impartir y activar a otros en su destino. Leyendo este libro, usted será activado en una unción sobrenatural ¡hecha natural en su vida hoy!

—*Jerame Nelson*
Living At His Feet Ministries
Autor de *Encountering Angels* y *Burning Ones*

James Goll ha estado operando en los dones del Espíritu durante décadas. Ahora, mezcla una sólida teología con la experiencia práctica para ayudarle a proseguir a lo sobrenatural en este valioso libro. Sea usted una ama de casa que, como advierte Pablo en 1 Corintios 12:31, desea fervientemente los dones espirituales, o un ministro que quiere arraigar las operaciones de estos dones firmemente en la Escritura, *Cómo Liberar los Dones Espirituales Hoy* le prepara, inspira y activa para entender y procurar los dones del Espíritu Santo. ¡Todo cristiano tiene que leer este libro!

—*Jennifer LeClaire*
Editora principal de la revista *Charisma*
Directora, Awakening House of Prayer

James Goll vive lo que predica y demuestra lo que enseña. Conozco a este hombre y sus enseñanzas. Hemos servido juntos en los consejos de dirección de nuestros ministerios durante varios años. James ha dado al cuerpo de Cristo una gran herramienta al presentar estas verdades espirituales de una forma comprensible y a la vez llena de un profundo precedente bíblico/histórico mezclado con ejemplos actuales. Si cree que Jesús es el mismo ayer, hoy y por los siglos, ¡entonces le encantará *Cómo Liberar los Dones Espirituales Hoy*!

—*Elizabeth Alves*
Fundadora de Increase International
Autora *best seller* internacional con *Mighty Prayer Warrior*

Siempre he considerado a James Goll como uno de los principales padres del actual movimiento profético. Y cuando pienso que ya ha agotado lo que podría enseñar sobre los dones espirituales hoy, crea recursos incluso mejores, incluyendo este libro y su correspondiente guía de estudio, con la calidad de una documentación de nivel universitario. Estas obras *tienen* que ser los materiales más exhaustivos y mejor documentados sobre aprender a recibir y a operar en los dones espirituales bíblicos disponibles hoy. Me atrevo a decir que no falta ninguna cita bíblica sobre el tema. Sea usted nuevo en este tema o tenga ya mucha experiencia, está a punto de descubrir una riqueza de más investigación bíblica de la que haya podido encontrar hasta ahora.

—*Steve Shultz*
Fundador, The Elijah List
Autor de *Can You Speak Louder?*

James Goll es uno de los líderes más brillantes y a la vez sencillos y con los pies en la tierra que conozco. ¡Se nos ha enseñando, enseñado, enseñado! Ahora James está haciendo un llamado a liberar, liberar, liberar… dones espirituales. *Cómo Liberar los Dones Espirituales Hoy* es tan claro que liberarlos se convierte en algo sencillo. Hágalo. Y encuentre a alguien con quien hacerlo. Liberar se vuelve contagioso. ¡Este libro le convertirá en un HACEDOR!

—*Barbara J. Yoder*
Apóstol principal, Shekinah Regional Apostolic Center,
Ann Arbor, MI
Autora de *The Breaker Anointing* y muchos otros libros

La capacidad y los talentos naturales son buenos y dados por Dios. Pero sus talentos naturales no son suficientes para cumplir el propósito y el llamado divinos que Dios tiene para usted. Usted necesita la unción y operación del Espíritu Santo para poder hacer todo aquello a lo que Dios le ha llamado. *Cómo Liberar los Dones Espirituales Hoy* de James Goll le capacitará para que opere en un nuevo nivel de don y poder espiritual. En este libro, James Goll enseña de forma maestra sobre el tema de operar en los nueve dones del Espíritu Santo, incluyendo los dones de revelación, poder y proclamación. Enseña de una forma clara, organizada y poderosa. No solo aprenderá usted cuáles son los dones del Espíritu, sino que también aprenderá pasos prácticos para ver cómo estas manifestaciones de Dios aumentan en usted y a través de usted. Estará equipado para impactar las vidas de quienes le rodean con el poder del Espíritu Santo. Recomiendo mucho este libro para individuos, grupos de hogar, iglesias, estudios bíblicos y escuelas bíblicas. ¡Será un gran recurso en su arsenal espiritual!

—*Matt Sorger*
Predicador profético de sanidad
Presentador de televisión y autor de *Power for Life*
mattsorger.com

CÓMO LIBERAR los Dones ESPIRITUALES HOY

JAMES W. GOLL

WHITAKER HOUSE

A menos que se indique lo contrario, todas las citas bíblicas son tomadas de *La Biblia de las Américas*® (LBLA), © 1986, 1995, 1997 por The Lockman Foundation. Usadas con permiso. Derechos reservados. (www.LBLA.org). Las citas bíblicas marcadas (NVI) son tomadas de la *Santa Biblia, Nueva Versión Internacional*®, NVI®, © 1999 por la Sociedad Bíblica Internacional. Usadas con permiso. Todos los derechos reservados. Las citas bíblicas marcadas (RVR-1960) son tomadas de la versión *Santa Biblia, Reina-Valera 1960*, © 1960 Sociedades Bíblicas en América Latina; © renovado 1988 Sociedades Bíblicas Unidas. Usadas con permiso. Las citas bíblicas marcadas (NTV) son tomadas de la *Santa Biblia, Nueva Traducción Viviente*, © 2008, 2009 Tyndale House Foundation. Usadas con permiso de Tyndale House Publishers, Inc., Wheaton, Illinois 60189. Todos los derechos reservados. La citas bíblicas tomadas de *Dios Habla Hoy*® (DHH) son del tercera edición, © 1966, 1970, 1979, 1983, 1996 Sociedades Bíblicas Unidas. Usadas con permiso.

Nota: El texto en negrita en las citas bíblicas significa el énfasis del autor.

Traducción al español realizada por:
Belmonte Traductores
Manuel de Falla, 2
28300 Aranjuez
Madrid, ESPAÑA
www.belmontetraductores.com

CÓMO LIBERAR LOS DONES ESPIRITUALES HOY
Publicado originalmente en inglés bajo el título: *Releasing Spiritual Gifts Today*

ISBN: 978-1-62911-608-2
eBook ISBN: 978-1-62911-609-9

© 2016 por James W. Goll

Whitaker House
1030 Hunt Valley Circle
New Kensington, PA 15068
www.whitakerhouse.com

Por favor, envíe sugerencias sobre este libro a: comentarios@whitakerhouse.com.

Ninguna parte de este libro puede ser reproducida o transmitida de ninguna manera o por ningún medio, electrónico o mecánico—fotocopiado, grabado, o por ningún sistema de almacenamiento y recuperación (o reproducción) de información—sin permiso por escrito de la casa editorial. Por favor para cualquier pregunta dirigirse a: permissionseditor@whitakerhouse.com.

Este libro ha sido impreso digitalmente y producido en una especificación estándar para garantizar su disponibilidad continua.

ÍNDICE

Reconocimientos y Dedicatoria 11
Prólogo por Sid Roth 13
Prefacio: ¡Hágalo! 15

Sección uno: Introducción a los dones espirituales 19
   1. ¿Qué son los dones espirituales? 22
   2. Cómo se mueve el Espíritu Santo 43
   3. Cómo crecer en el uso de los dones espirituales 60

Sección dos: Dones proféticos: los dones que revelan 73
   4. El don de discernimiento de espíritus 75
   5. El don de palabra de sabiduría 89
   6. El don de palabra de conocimiento 102

Sección tres: Dones de poder: los dones que hacen 115
   7. El don de fe 117
   8. Los dones de sanidades 128
   9. Hacer milagros 142

Sección cuatro: Dones vocales: los dones que hablan 153
   10. El don de varios tipos de lenguas 155
   11. El don de interpretación de lenguas 168
   12. El don de profecía 181

Exhortación final: Cómo cumplir la gran comisión hoy 200
Notas 203
Acerca del autor 206

RECONOCIMIENTOS Y DEDICATORIA

Cómo Liberar los Dones Espirituales Hoy se ha desarrollado en base a lo vislumbrado en los ministerios de otros. Durante los años, me he esforzado por ser un estudiante de muchas de las distintas corrientes de los movimientos del Espíritu Santo que han brotado por la iglesia de Jesucristo. Estas páginas reflejan ese estudio.

En concreto, quiero reconocer la amistad y el ministerio de Mahesh y Bonnie Chavda, quienes me han dado tanto. Aprendí mucho sobre el don de discernimiento de espíritus a través de Pat Gastineau de Word of Love en Roswell, Georgia, y quedé expuesto al don de fe a través del difunto Kenneth Hagin, así como otros pioneros espirituales. Doy gracias al Señor por el ministerio de enseñanza de Jim Croft, la innovadora exploración de señales y maravillas de John Wimber, y la enseñanza apostólica de Derek Prince primero, y después de C. Peter Wagner.

En las páginas que siguen, reconozco las contribuciones de varios de estos amigos que han escrito libros sobre el tema de los dones espirituales, además de Sam Storms, Dick Iverson y Mel Robeck. También me he beneficiado mucho de las imparticiones proféticas de John Sanford, Cindy Jacobs, Bill Hamon, el difunto Bob Jones, y varios otros.

Primero y ante todo, estoy agradecido a nuestro Padre por enviarnos al precioso Espíritu Santo, la tercera persona de la Trinidad, ¡que es nuestro mayor don! Por lo tanto, con un corazón agradecido, dedico este libro a la obra y ministerio del Espíritu Santo. Tú eres nuestro Consolador, nuestro Guía, el que hace producir fruto en nosotros, y el que nos da los dones. Ven, Espíritu Santo, ¡y capacita a tu pueblo de nuevo!

PRÓLOGO

¡El Espíritu Santo está haciendo grandes cosas en nuestro tiempo! La auténtica actividad sobrenatural del Espíritu Santo está aumentando en todo el mundo. En estos últimos días, el Espíritu Santo está preparando activamente a la novia del Mesías para su Novio Rey. ¡Estos son unos tiempos muy emocionantes para estar vivo!

Como presentador del programa de televisión internacional *¡Es Sobrenatural!*, es parte de mi llamado y descripción de trabajo estar expuesto a la actividad del Espíritu Santo hoy. Yo honro todo lo que Dios ha hecho en el pasado, pero tengo mi mirada puesta en lo que está haciendo hoy mientras anticipo un gran aumento en la demostración de los dones del Espíritu Santo mañana.

La mayoría de libros sobre lo sobrenatural hablan acerca de los dones sobrenaturales que actúan en la vida del autor o sobre cómo operan los dones en sí. Me regocijo por ellos, pero los libros de esa naturaleza no me interesan. Lo que me interesa es un libro que me enseñe *cómo liberar* los dones. Eso me lleva a James Goll, un amigo de Dios y un instructor en los caminos de Dios hoy. Desde que mi amigo James fue encendido por el Espíritu Santo, ha sido un demostrador de la gracia y el poder del Espíritu de Dios. Ahora, por primera vez, enseña los secretos ya probados sobre el terreno que ha aprendido para que usted pueda liberar los dones del Espíritu en su vida.

Estamos al final de los últimos días. Jesús regresará pronto. Ahora es el tiempo de que usted también experimente el fuego del Espíritu Santo y actúe en los dones. Si no es ahora, ¿cuándo? Este libro tan único no solo es bíblicamente profundo, sino que también está lleno de testimonios de la obra del Espíritu Santo hoy. Así que abróchese el cinturón de seguridad, ¡porque va a aprender a volar más alto que nunca!

—*Sid Roth*

PREFACIO: ¡HÁGALO!

He titulado adrede este libro *Cómo Liberar los Dones Espirituales Hoy* en vez de "Cómo recibir los dones espirituales" porque creo que deberíamos *hacer* algo con los dones espirituales ahora, no solo estudiarlos para aprender lo que son y cómo obtenerlos. Dar el amor de Dios a otros mediante sus dones presupone que primero los hemos recibido, y es importante aprender a usar los dones del Espíritu Santo hoy en vez de tan solo aprender a recibirlos, ¡y luego sentarnos con los brazos cruzados y no hacer nada con ellos!

No hace mucho, "los dones del Espíritu Santo" era un tema candente, y la mayoría de los libros sobre los dones espirituales que están disponibles se publicaron en años pasados recientes. Sin embargo, aunque no oirá tanta predicación y enseñanza sobre ellos en estos días, Dios no ha rescindido sus dones o su comisión. Él no ha retirado estas manifestaciones especiales de su gracia. Más bien, en estos últimos días en que vivimos, Él ha decidido avanzarlos *incluso más*, aún con mayores grados de impacto y autoridad. Dios no solo quiere que usted aprenda sobre sus dones, sino que también quiere que usted experimente la gran maravilla de moverse en su gracia y a través de ella diariamente. La experiencia, bajo la dirección del Espíritu Santo, será su mejor tutor; y puede esperar seguir aprendiendo mientras sigue haciendo: hoy, mañana y al día siguiente. ¡La práctica perfecciona! Como dice el conocido eslogan: "¡Hágalo!".

LOS NUEVE DONES MÁS AMPLIAMENTE RECONOCIDOS

Cómo Liberar los Dones Espirituales Hoy está dividido en cuatro partes, con tres capítulos en cada sección. La primera sección le da un repaso general de los dones espirituales y le presenta la forma en que el Espíritu Santo se mueve y opera a través de ellos. Las secciones dos, tres y cuatro le dan información específica sobre los nueve dones espirituales más ampliamente reconocidos, agrupados bajo el título "Dones proféticos", "Dones de poder" y "Dones vocales".

La sección dos, "Dones proféticos", describe tres dones que "revelan": discernimiento de espíritus, palabra de sabiduría y palabra de conocimiento. La sección tres, "Dones de poder", examina tres dones que "hacen": fe, sanidades y hacer milagros. Por último, pero no menos importantes, "Dones vocales" cubre tres dones que "hablan", o dones que usan las cuerdas vocales humanas para su manifestación: lenguas, interpretación de lenguas y profecía. Estos nueve dones no son los únicos dones que Dios da a sus hijos, pero son vitales de aprender, entender y activar conforme Él guía.

A lo largo de todo el libro le doy muchos ejemplos de estos dones espirituales en acción, tanto en la vida cotidiana actual como en las páginas de la Biblia. Siempre es emocionante ver a Dios obrando a través de su pueblo; e incluso cuando revisitamos historias bíblicas conocidas, siempre podemos ver algo nuevo en ellas.

INFORMACIÓN, INSPIRACIÓN E IMPARTICIÓN

Mis tres propósitos principales para este libro son *información, inspiración e impartición*. Primero, que la información aquí presentada le lleve a una mayor conciencia de la verdad bíblica acerca de los dones espirituales. Segundo, que usted sea inspirado, a través de las historias bíblicas y personales, a mayores niveles de esperanza y fe con respecto al tremendo potencial de los dones que Dios le ha dado. Tercero, que el Espíritu le imparta el valor para dar un paso adelante y usarlos.

Espero que todos estudiemos para mostrarnos aprobados como obreros eficaces para nuestro Maestro. (Véase 2 Timoteo 2:15). El Señor ha dado dones a cada uno de nosotros. Que Él sea exaltado en nuestra vida mientras actuamos como sus manos, sus pies y su voz en el mundo que nos rodea.

Nada sucederá si usted no da un paso de fe. Deje que las palabras que está a punto de leer le animen a responder de nuevo a su dirección para que usted pueda "hacerlo", usar los dones espirituales que Dios le da, cada día de su vida. Recuerde: fe se deletrea R-I-E-S-G-O, ¡y el mejor fruto está siempre al final de la rama! ¿Qué quiere hacer el Señor por usted y a través de usted? Pasemos la página y veamos lo que Él tiene preparado para usted hoy.

SECCIÓN 1

INTRODUCCIÓN A LOS DONES ESPIRITUALES

En esta sección le introduzco al amplio tema del Espíritu Santo y los dones espirituales. Explico las bases para ejercitar los dones espirituales hoy, porque hay algunas personas que creen que estos dones, que los creyentes de la iglesia primitiva usaban, han cesado. El *cesacionismo* es la idea de que todos los dones espirituales de "señales y prodigios" cesaron después de la vida de los apóstoles originales, incluido el apóstol Pablo. Las ideas cesacionistas aún se aceptan en esta generación; sin embargo, no tienen tanta influencia como antes tenían porque la historia de la iglesia y las manifestaciones actuales del Espíritu Santo fácilmente refutan tal doctrina. Una creciente marea de millones de personas han sido tocadas por el Espíritu Santo en décadas recientes, y han experimentado su poder y las manifestaciones de sus dones.

En lugar del cesacionismo, yo creo en el "continuismo". ¡Dios no ha rescindido ni sus dones ni su comisión! Él continúa derramando su Espíritu Santo sobre su pueblo, como en el día de Pentecostés, para bendecir a su pueblo y alcanzar al mundo con su amor y verdad.

En el capítulo 1 tratamos la pregunta: "¿Qué son los dones espirituales?" y vemos cómo el Espíritu Santo es el autor de todos los dones espirituales.

En el capítulo 2 descubrimos y entendemos cómo se mueve el Espíritu Santo. Como digo en ese capítulo, no siempre es fácil sintonizar con un Espíritu que va y viene como una brisa invisible. Pero podemos confiar en que sus promesas nos ayudan a seguirlo y aprender sus caminos. Él nos estira más allá de nosotros mismos, moviéndonos para testificar del amor y poder de Dios y para mostrarnos cómo dar un fruto duradero. El capítulo 2 aporta claves para llegar a conocer al Espíritu Santo. Como Él vive dentro de nosotros, podemos confiar en Él, vivir con Él y escucharlo. Podemos confiar en que Él siempre nos saca de la oscuridad y nos lleva a la luz.

En el capítulo 3 exploramos cómo ejercitar los dones espirituales. Sí, dije "ejercitar". Se necesita práctica, mucha práctica, para ser maduro en el uso de los dones espirituales. El Espíritu Santo está trabajando en todos los lugares del mundo. Esto significa que todos sus dones siguen estando totalmente operativos. Enfatizo que la palabra es *operativos*, no "opcionales", y que todos los hijos de Dios deberían estar usándolos. En palabras de John Wimber, los dones espirituales son *herramientas*. No son juguetes. Usted tiene que practicar usándolas, y no será un experto el primer día que las use.

Los dones del Espíritu son para que los creyentes los usen para tocar el mundo con el reino de Dios. Empoderados y capacitados por Él, podemos hacer señales y prodigios en el ámbito laboral, en la calle, en el estacionamiento del supermercado, en Starbucks... en cualquier lugar. Creo que los dones del Espíritu son tan extensos como Dios mismo, así que no hay razón para adherirse rígidamente a un conjunto o lista en concreto de los mismos. Lo emocionante es que, en el transcurso de nuestra vida, podemos esperar ver a las tinieblas derrotadas mediante muestras brillantes y sin precedentes de la gracia y el poder sobrenatural de Dios, mediante su pueblo dotado, al predicar el mensaje de salvación de Jesucristo.

¿QUÉ SON LOS DONES ESPIRITUALES?

"Pero a cada uno se le da la manifestación del Espíritu para el bien común".
—1 Corintios 12:7

Tuve la oportunidad de viajar por el país de Albania durante varias semanas, justo después de que cesara el comunismo allí en 1992, enseñando a líderes en varias ciudades sobre el ministerio actual del Espíritu Santo. El territorio de Albania solapa al del antiguo Ilírico, una provincia romana donde Pablo predicó y demostró activamente a la gente el poder del Espíritu. Sabemos acerca del ministerio de Pablo allí por su carta a la iglesia romana:

> Por tanto, en Cristo Jesús he hallado razón para gloriarme en las cosas que se refieren a Dios. Porque no me atreveré a hablar de nada sino de lo que Cristo ha hecho por medio de mí para la obediencia de los gentiles, en palabra y en obra, con el poder de señales y prodigios, en el poder del Espíritu de Dios; de manera que desde Jerusalén y por los alrededores hasta el Ilírico he predicado en toda su plenitud el evangelio de Cristo. (Romanos 15:17–20)

Una de las ciudades de Albania donde tuve reuniones se llama Shëngjin, que en albanés significa "San Juan", y su tradición sostiene que Pablo una vez predicó allí, además de Tito y Juan el Amado. Resulta que fui parte de la primera reunión pública en la historia reciente en la que se predicaba el evangelio, acompañado de señales y prodigios en el poder del Espíritu. Solo Dios pudo haber arreglado las cosas tan bien para confirmar la verdad del evangelio.

No había ningún edificio para albergar nuestra reunión, así que nos juntamos en un edificio de la comunidad parecido a una fortaleza en una tarde fría y lluviosa de febrero. Había quizá unas ciento veinte personas abarrotando la sala, todos vistiendo su chubasquero para la lluvia porque dentro de ese lugar hacía tanto frío como fuera. Tuve que arreglármelas sin mucho apoyo; no tenía grupo de alabanza ni forma alguna de poner música de alabanza. Excepto mi intérprete cristiano y el amigo que venía conmigo, todos los demás en la sala hablaban *shqip*, que es el lenguaje albanés. Había estado orando específicamente por una palabra de Dios para aquellas personas espiritualmente hambrientas que llevaban mucho tiempo sin oír ninguna. Mediante mi intérprete, comencé a predicar sobre cómo Dios nos libera del rechazo y la opresión, y conté un poquito acerca de mi trasfondo y testimonio.

Tras entrar de lleno en mi sermón, seguí hablando un ratito, aunque podía ver que no estaba consiguiendo mucho de ningún sitio. Entonces el nombre de *Sara* comenzó a flotar por mi mente. Era la segunda vez que me había ocurrido ese día. Anteriormente, cuando había estado preparándome en oración para la reunión, se me había ocurrido el mismo nombre. Lo había desechado porque sentí que debía ministrar a todo el grupo, no solo a una persona; y bueno, había razonado que Sara no era un nombre albanés.

Pero ahora que el nombre había llegado de nuevo a mi mente por segunda vez, tuve que suponer que Dios me lo había dado por una razón. Me giré a mi intérprete y pregunté: "¿Cómo se dice 'Sara' en albanés?".

"Sabrina", me dijo.

"¿Hay alguien aquí que se llame Sabrina?", pregunté. Una chica joven con una expresión seria alzó su mano. Todos parecían conocerla. Le pedí que saliera al pasillo y pasara al frente, y así lo hizo, envuelta en su abrigo. Solo entonces comencé a entender más de lo que decirle. Profeticé, y mis palabras le fueron traducidas al decir: "Tu nombre es Sabrina. Nunca has oído el evangelio del Señor Jesucristo en tu vida. Tienes treinta y dos años. Tienes un tumor en tu seno izquierdo, y Jesús quiere sanarte".

La mujer miraba perpleja ante mis palabras. Nunca antes había estado en una reunión cristiana, especialmente en una reunión de tipo carismático. Sin embargo, aunque nunca antes lo había visto ocurrir, comenzó a temblar violentamente. Ella sabía que las palabras eran verdad. El resto de las personas lo sabían también, porque la conocían. Sabrina le entregó su corazón a Jesús delante del grupo, seguida de otros. Incluso los que quizá no fueron salvos esa noche definitivamente tuvieron un encuentro con el poder del Dios vivo. Esa noche, todos nos olvidamos del frío, porque la presencia de Dios era muy intensa.

Finalmente las cosas se calmaron, y todos se fueron a casa salvo nosotros tres: mi amigo, mi intérprete y yo. No teníamos hotel ni una casa cercana donde ir; se supone que debíamos viajar a la siguiente ciudad, donde nos estábamos alojando. El guarda de seguridad nos escoltó al descender la colina hasta la carretera, donde esperábamos poder llamar a un taxi, aunque los automóviles eran escasos en todo Albania, y las carreteras eran terribles. Lo único que podíamos hacer en la noche oscura y lluviosa (sin farolas tampoco) era intentar hacer autostop.

Increíblemente, un automóvil se detuvo. Se me pasó por la mente que eso era como el incidente del libro de los Hechos donde Felipe llegó al carro del oficial etíope; y Dios también llegó. (Véase Hechos 8:26–40). El conductor estaba dispuesto a llevarnos hasta la siguiente ciudad, así que nos subimos en su "carro", y el chófer que Dios nos había enviado comenzó el viaje, sorteando los baches en la oscuridad.

Yo ocupé el asiento de delante, y mi intérprete y mi amigo se sentaron atrás. El intérprete me tradujo cuando comencé a contarle al tipo la historia de lo que acababa de ocurrir en el centro de la comunidad. De repente, el conductor comenzó a temblar, y no era por los baches de la carretera; me quedó claro que yo estaba en medio de otra cita divina. ¡Ese hombre resultó ser el marido de Sabrina! Era musulmán, y tampoco había oído nunca antes el evangelio. Él siguió conduciendo, y yo seguí hablando. Antes de llegar a nuestro destino, él también fue salvo por el poder del Espíritu Santo.

Después de eso, sabía que podía hacer mías las palabras de Pablo a los corintios: *"Y ni mi mensaje ni mi predicación fueron con palabras persuasivas de sabiduría, sino con demostración del Espíritu y de poder"* (1 Corintios 2:4). ¡Dios estaba haciendo una obra poderosa en el norte de Albania!

DONES PARA HOY

Quizá usted no haya escuchado acerca de todas las cosas que suceden muy frecuentemente en su vecindario más próximo, pero es un hecho que el Espíritu Santo está demostrando el poder de Dios a través de su iglesia de una forma mucho más extensa de lo que nos damos cuenta. El Espíritu está actuando en todos los lugares del mundo, y *"Jesucristo es el mismo ayer y hoy y por los siglos"* (Hebreos 13:8). Esto significa que todos sus dones siguen aún totalmente operativos, como el don profético mediante el cual yo recibí la palabra para Sabrina.

Dije que los dones son *operativos*, no "opcionales", y todos los hijos de Dios deberían estar usándolos. Usted y yo, todos los cristianos, supuestamente debemos tener al menos una manifestación del Espíritu operando en nuestra vida. Hemos sido equipados para hacer lo mismo que hicieron los discípulos en el libro de Hechos: señales y prodigios y todo lo que hay entre medias. No debemos ser ignorantes de nuestros dones; se espera que aprendamos acerca de ellos. (Véase, por ejemplo, 1 Corintios 12:1, 4–11; 1 Pedro 4:10–11).

"¡HACIENDO LAS COSAS!"

El difunto John Wimber, que fue muy reconocido como maestro y líder del movimiento Vineyard, acuñó la frase "¡Haciendo las cosas!" para referirse a todas las muestras del poder de Dios, en todo lugar y siempre que se produjeran, que aumentan la predicación del evangelio y la extensión de las buenas nuevas del reino. Wimber también dijo:

> Los dones espirituales son la expresión del poder de Dios operando en la iglesia hoy. Un creyente no posee dones; un creyente recibe dones de Dios para usarlos en momentos especiales para ocasiones especiales. Los dones son la confirmación de la capacitación del Espíritu Santo y son vitales en un ministerio de "señales y prodigios".
>
> La capacitación espiritual equipa a una persona para servir. Los dones son las herramientas que capacitan a uno para cumplir el ministerio requerido.

Los dones del Espíritu se reciben por impartición. Los dones (salvo el uso privado de las lenguas) se nos dan a nosotros y a través de nosotros para usarlos para otros, y se desarrollan en un clima de arriesgarse y estar dispuesto a fallar.[1]

Los dones espirituales no son nuestros para simplemente jugar o no con ellos según nuestro propio antojo. Son para que los activemos mediante la fe y los usemos como Dios nos diga. Siempre que Él quiere acercar su reino para que esté sobre algo, su primera opción es usar a un creyente equipado con algún don espiritual. Ese hombre, mujer o niño no tiene que ser una "persona religiosa profesional", como fue en mi caso, razón por la cual me invitaron a Albania. Dios podría haber arreglado la situación para que los dones espirituales de otra persona fueran los que actuaran allí, ya que normalmente usa al creyente más cercano que esté dispuesto para lograr sus propósitos en el mundo.

¿QUÉ SON LOS DONES ESPIRITUALES?

Como dice John Wimber, los dones espirituales son *herramientas*; no son juguetes. Como tales, usted tiene que practicar utilizándolos, y no será un experto el primer día que lo haga. No es poca cosa dar un paso al frente en público para usarlos. Realmente tiene que estar dispuesto a parecer un estúpido y fallar. Nada está garantizado, salvo que el Espíritu Santo estará con usted. John Wimber, por ejemplo, se convenció de que Dios quería usarle para orar por los enfermos. Primero, aprendió todo lo que pudo sobre los dones de sanidad. Después comenzó a probarlos. Oró al menos por cien personas antes de que una de ellas fuera sanada. Debió de ser desalentador, y también embarazoso. Pero siguió haciéndolo, porque estaba convencido de que los dones de sanidad de Dios eran para hoy, y que las sanidades se producirían dondequiera que se proclamara el evangelio. Al orar por las siguientes cien personas, dos fueron sanadas. Siguió adquiriendo cada vez más experiencia y obteniendo cada vez más fe, y el número de los que eran sanados seguía creciendo en concordancia. Finalmente, la sanidad milagrosa fue un componente principal de su ministerio.

Del mismo modo, tenemos que estar dispuestos a practicar los dones a propósito mientras aprendemos de mentores espirituales y estamos cada vez más dispuestos a asumir riesgos. El Espíritu Santo nunca le empujará a hacer algo. Si está usted esperando que la "mano bailarina de Dios"[2] le sobrecoja y le haga decir o hacer algo, esperará toda la vida. Tiene que actuar.

Para dar una base bíblica sólida para su definición de dones espirituales, John Wimber citó a Mel Robeck, que forma parte del cuerpo facultativo del Seminario Teológico Fuller:

> Los dones (*carismata*) del Espíritu Santo son las manifestaciones de Dios transracionales [van más allá de la razón humana]. Son dados por Dios con el propósito de que se produzca el ministerio para el bien del Cuerpo de Cristo (1 Corintios 12:7).
>
> La *fuente* de los dones es el Espíritu Santo (1 Corintios 12; Hebreos 2:4).
>
> Los *recipientes* son la comunidad del Espíritu, a veces llamada el pueblo de Dios o el Cuerpo de Cristo (1 Corintios 12; Romanos 12; Efesios 4; 1 Pedro 4:10–11).
>
> Su *propósito* es edificar el Cuerpo, equipar a los santos, y glorificar a Dios.
>
> Su *motivo* debería ser siempre el amor (1 Corintios 13:1–13).
>
> El modo y el porqué de los dones espirituales están directamente relacionados con la obra del Espíritu Santo a lo largo de la historia.[3]

Este último punto, acerca de la obra del Espíritu Santo a lo largo de la historia, se alza en directa contradicción con la creencia de gran parte de la iglesia occidental que dice que los dones de "señales y prodigios" del Espíritu Santo desaparecieron con el último de los apóstoles originales. Esta perspectiva se llama *cesacionismo*. Pero cuando se han tenido experiencias como la que yo tuve en Albania con Sabrina y su esposo, es difícil aferrarse a las ideas cesacionistas. Escribí este libro en parte para destacar mi convicción de que el *cesacionismo cesará*. ¡La idea de que los dones han cesado cesará! Los dones del Espíritu Santo están vivos y bien en incontables cristianos hoy. Si usted no es uno de ellos, espero que lo sea cuando termine de leer este libro.

¿SON LOS DONES ESPIRITUALES HABILIDADES HUMANAS?

Debemos darnos cuenta de que los dones del Espíritu no son solo talentos y habilidades humanas, pulidos hasta el punto de brillar con la luz de Dios. Aunque los humanos usan sus capacidades innatas dadas por Dios cuando usan los dones del Espíritu como herramientas, los dones no son parte de su "conjunto de herramientas" original. Podemos observar que Dios emplea y fortalece los temperamentos y habilidades humanas con su Espíritu, pero eso no es lo mismo que recibir dones espirituales, que son "manifestaciones directas del Espíritu Santo a través de creyentes".[4]

El maestro apostólico y prolífico autor Peter Wagner resumió la naturaleza y el propósito de los dones espirituales de esta forma: "Un don espiritual es un atributo especial dado por el Espíritu Santo a cada miembro del Cuerpo de Cristo, según la gracia de Dios, para su uso dentro del contexto del Cuerpo".[5] Su frase "dentro del contexto del Cuerpo" no significa que los dones espirituales sean para usarse solamente dentro de la iglesia. Son para que los usen los miembros del cuerpo de Cristo dondequiera que estén, como Dios determina, lo cual termina poniendo cada situación en el "contexto" del cuerpo.[6]

El difunto maestro bíblico internacional Derek Prince escribió que "ningún creyente en Jesucristo tiene que estar sin su propia manifestación particular del Espíritu Santo".[7] Los dones del Espíritu son para que los usen los creyentes para tocar el mundo con el reino de Dios. Empoderados y capacitados por Él, podemos hacer señales y prodigios en el marco laboral, en las calles, en el estacionamiento del supermercado, en Starbucks, etc. Tanto dentro como fuera de la comunidad de creyentes, podemos sanar a los enfermos, hacer evangelismo profético, y mucho más.

¿POR QUÉ DA DIOS DONES ESPIRITUALES?

Para el bien común

La Escritura nos exhorta a que busquemos los dones espirituales (véase 1 Corintios 12:31; 14:1), y el apóstol Pablo dejó claro que los dones son para usarlos en beneficio de otras personas:

> *Pero a cada uno se le da la manifestación del Espíritu para el bien común. Pues a uno le es dada palabra de sabiduría por el Espíritu; a otro, palabra de conocimiento según el mismo Espíritu; a otro, fe por el mismo Espíritu; a otro, dones de sanidad por el único Espíritu; a otro, poder de milagros; a otro, profecía; a otro, discernimiento de espíritus; a otro, diversas clases de lenguas, y a otro, interpretación de lenguas. Pero todas estas cosas las hace uno y el mismo Espíritu, distribuyendo individualmente a cada uno según la voluntad de Él.*
>
> (1 Corintios 12:7–11)

Cada uno de nosotros ha recibido algún don para el beneficio de otros. Más adelante en su primera carta a la iglesia corintia,

Pablo dijo: *"Procurad alcanzar el amor; pero también desead ardientemente los dones espirituales"* (1 Corintios 14:1), y también: *"Así también vosotros; pues que anheláis dones espirituales, procurad abundar en ellos para edificación de la iglesia"* (1 Corintios 14:12, RVR-1960).

Muchas personas no lo llegan a entender. Tienen su identidad arropada en su don cuando su identidad debería estar arropada en Cristo Jesús. Los dones de Dios para usted nunca son una afirmación sobre lo mucho que le ama. Es fácil pensar así, particularmente cuando Dios hace algo sensacional a través de usted. Es casi inevitable para usted sentir que eso demuestra el favor especial de Dios hacia usted, pero no es así. Cuando miramos la vida de Jesús, vemos a alguien cuya seguridad interior no descansaba en ganarse una alta aprobación de su Padre, alguien que sirvió en distintas capacidades durante el transcurso de su vida, y muchas de ellas nada espectaculares. De forma similar, cada uno de nosotros servirá en distintas funciones durante el transcurso de su vida, y la mayor parte del tiempo estará fuera del ojo público. Iremos de un lugar a otro y tendremos varias esferas de influencia. Nuestras relaciones cambiarán, y el uso de nuestros dones puede cambiar para emparejarse con las necesidades de nuestra situación. Pero si estamos fijos en Dios y no en los dones que Él nos da, podemos permanecer estables y seguros en cualquier situación.

Algunas personas son como estrellas fugaces; se levantan rápidamente pero se apagan muy rápido. Yo quiero estar fijo, como la Estrella Polar, inconmovible y fuerte porque Dios es inconmovible y fuerte. Al fijar nuestros ojos en Él, podemos aferrarnos al hecho de que una vez que Dios da un don, no nos será retirado ni recuperado. Lo que Él da, no lo revoca. (Véase Romanos 11:29). Podemos descansar en esa verdad y no intentar adelantarnos a los planes de Dios para nosotros.

Esto se reduce a que los dones espirituales se tratan más de lo mucho que Dios quiere amar a otras personas a través de usted que de lo mucho que Él le ama a usted (aunque, por supuesto, ¡Él le ama!). Usted es un canal de su gracia. Los dones le han sido dados para que usted pueda canalizar el amor de Dios hacia otra persona. ¡Los dones son para darlos!

Para todo el cuerpo

Los dones operan de forma similar al funcionamiento del cuerpo humano, donde cada parte y órgano trabajan juntos con los demás para que todo el cuerpo funcione bien. (Véase 1 Corintios 12:12–31; Romanos 12:4–8). Dios da dones espirituales para que todo el cuerpo de Cristo se pueda beneficiar de ellos, a fin de que cada miembro se pueda beneficiar de los demás miembros del cuerpo. El cuerpo de Cristo no es solo una reunión de creyentes individuales, es orgánico; es el cuerpo vivo del Señor Jesucristo sobre la tierra hoy, demostrando la gracia de Dios. *"Ahora bien, vosotros sois el cuerpo de Cristo, y cada uno individualmente un miembro de él"* (1 Corintios 12:27).

Con demasiada frecuencia, el cuerpo de una iglesia se junta en base a los intereses comunes, pasiones, deseos o talentos de la gente. Pero Dios pretendía que nos agrupáramos según los dones para que pudiéramos aprender unos de otros y así dar a las otras partes del cuerpo, y finalmente dar al mundo desde el cuerpo.

Cada uno ha recibido un don para beneficio de los demás. Los nueve dones que describiré en detalle en este libro no son la totalidad del ministerio del cuerpo, pero el ministerio total del cuerpo no es posible sin ellos.

Para la eficacia del evangelio

Es imposible tener un cuerpo de Cristo glorioso y totalmente funcional sin los *carismata*: los dones del Espíritu. Sin las concesiones sobrenaturales, la iglesia no puede presumir de predicar el evangelio a todo el mundo y cosechar la gran cosecha antes de la venida del Señor. (Véase Mateo 24:14). Otra forma de decirlo es que el evangelio no está siendo predicado del todo a menos que se haga *"con las señales que la seguían"* (Marcos 16:20, RVR-1960).

Cuando los primeros discípulos fueron dispersados por la persecución, llevaron el evangelio a todos los sitios donde fueron:

Pero los que fueron esparcidos iban por todas partes anunciando el evangelio. Entonces Felipe, descendiendo a la ciudad de Samaria, les predicaba a Cristo. Y la gente, unánime, escuchaba atentamente las cosas que decía Felipe, oyendo y viendo las señales que hacía. Porque de muchos que tenían espíritus inmundos, salían éstos dando grandes voces; y muchos paralíticos y cojos eran sanados; así que había gran gozo en aquella ciudad. (Hechos 8:4–8, RVR-1960)

¿Cuándo fue la última vez que usted fue testigo de tales señales? Aún vivimos en los tiempos del Nuevo Testamento hoy, y deberíamos mirar a Dios para que nos dé los dones que producen señales y prodigios convincentes para que un mundo agonizante pueda conocer la verdadera Vida del cielo, a Jesucristo. Jesús mismo dijo que los dones sobrenaturales serían las "credenciales" de los creyentes. (Véase Marcos 16:17–20; Hechos 4:33; Hebreos 2:3–4).

CÓMO RECIBIR LAS GRACIAS Y LOS DONES DE DIOS

Muy bien, sabemos que Dios quiere darnos dones para que podamos beneficiar a los demás miembros del cuerpo de Cristo y extender las buenas noticias del reino. Pero ¿cómo lo hace? ¿Y cómo podemos activar nuestra fe para recibir sus dones y ejercitarlos, aquí y ahora? Los siguientes pasos son para posicionarnos de forma receptiva al buscar a Dios y sus dones.

1. Escoja la decisión de Dios para usted

Primero, escogemos la decisión de Dios para nosotros. Probablemente usted es consciente de la tensión teológica existente en la iglesia entre la soberanía de Dios y el libre albedrío humano. Sin tratar la controversia en detalle, reconozcamos que Dios es soberano sobre todo y que nos da gracias, ministerios y oficios espirituales como Él quiere; su decisión de darnos dones no depende de la preparación o elección del recipiente. Es elección de Dios, y nosotros no tenemos la oportunidad de votar al respecto. (Véase, por ejemplo, Hechos 2:1–4; 10:44–46).

Sin embargo, aunque Dios escoge nuestro don, nosotros escogemos su decisión para nosotros. Es como los pedales de una bicicleta. Cuando uno está arriba, el otro está abajo, y ambos avanzan en círculos. Es necesario presionar primero uno, después el otro, para asegurarnos de que la bicicleta avanza hacia delante. Del mismo modo, es necesario que estas dos verdades aparentemente opuestas aúnen sus fuerzas para alcanzar el objetivo de recibir y ejercitar los dones espirituales. ¿Es soberanía de Dios? ¿O nuestro libre albedrío? Sí, ambos.

Escojamos recibir y operar en los dones que Dios tiene para nosotros.

2. Manténgase abierto y receptivo a Dios

Tras escoger la voluntad de Dios, tenemos que buscar y pedir activamente lo que Dios ha escogido, estando dispuestos a recibirlo. Los que ya tienen su don pueden ayudarse unos a otros a recibir los dones de Dios, a menudo a través de la imposición de manos. Vemos esta práctica a lo largo de la historia del pueblo de Dios, pero especialmente después de que el Espíritu Santo fuera dado a la iglesia. Un ejemplo en el Antiguo Testamento es cuando Moisés impuso sus manos sobre Josué para impartirle el don de liderazgo: "*Y Josué, hijo de Nun, estaba lleno del espíritu de sabiduría, porque Moisés había puesto sus manos sobre él; y los hijos de Israel le escucharon e hicieron tal como el Señor había mandado a Moisés*" (Deuteronomio 34:9). Esta impartición no habría ocurrido sin que Josué primero estuviera dispuesto a recibirlo.

En el Nuevo Testamento, tanto la soberanía divina como el libre albedrío humano estuvieron involucrados en el derramamiento del Espíritu Santo sobre los discípulos en el aposento alto el día de Pentecostés. Ninguno de los creyentes pudo haber causado que soplase el viento del Espíritu ni que las lenguas de fuego aparecieran en el aire sobre sus cabezas. Pero, obedientes a la palabra que Jesús les había dado, habían esperado juntos pacientemente y expectantes para recibir el don de Dios. Jesús *"les mandó que no salieran de Jerusalén, sino que esperaran la promesa del Padre: La cual, les dijo, oísteis de mí; pues Juan bautizó con agua, pero vosotros seréis bautizados con el Espíritu Santo dentro de pocos días"* (Hechos 1:4-5). Los creyentes adoptaron una pose receptiva, orando y adorando, sin saber realmente lo que Dios iba a darles pero dispuestos a recibirlo. Después, cuando fueron llenos del Espíritu, permitieron voluntariamente que sus lenguas fueran desatadas y sus voces proclamaran nuevos sonidos *"según el Espíritu les daba habilidad para expresarse"* (Hechos 2:4).

Nadie impuso manos sobre nadie el día de Pentecostés, pero los discípulos a menudo usaron esta práctica después al descubrir cómo quería Dios que se hicieran las cosas dentro del grupo de personas que sería llamada la iglesia. Dios quería que todos fueran llenos de su Espíritu, y equipó a los creyentes con el carácter y la sabiduría necesarios para tomar buenas decisiones acerca de los métodos y el tiempo. Por ejemplo, Pablo le dijo a Timoteo que no impusiera manos "con ligereza", sino que usara la sabiduría, para que la voluntad de Dios se pudiera realizar sin que fuera afectada por la pecaminosidad humana. (Véase 1 Timoteo 5:22).

Mire esta muestra de la práctica del Nuevo Testamento de la imposición de manos para comisionar a alguien para el ministerio:

A los cuales presentaron ante los apóstoles [Esteban y otros que habían sido escogidos para supervisar la distribución diaria de comida a las viudas pobres], *y después de orar, pusieron sus manos sobre ellos.* (Hechos 6:6)

> *Ananías fue y entró en la casa, y después de poner las manos sobre él, dijo: Hermano Saulo, el Señor Jesús, que se te apareció en el camino por donde venías, me ha enviado para que recobres la vista y seas lleno del Espíritu Santo.*
>
> (Hechos 9:17)

> *Mientras ministraban al Señor y ayunaban* [los líderes de la iglesia en Antioquía], *el Espíritu Santo dijo: Apartadme a Bernabé y a Saulo para la obra a la que los he llamado. Entonces, después de ayunar, orar y haber impuesto las manos sobre ellos, los enviaron.*
>
> (Hechos 13:2–3)

A veces, la imposición de manos confiere una impartición de gran magnitud, como ocurrió con Ananías y Pablo. Una impartición también se puede producir sin la imposición de manos, como en el caso de la mentoría intencional. A veces llamamos a esto "echar un manto", en alusión a la forma en que el manto de Elías, su artículo de ropa ungido, fue echado sobre los hombros de Eliseo, el cual se convirtió en su sucesor. (Véase 1 Reyes 19:16, 19). Ese sencillo acto determinó el curso del resto de la vida de Eliseo. Se convirtió en el siervo de Elías y aprendió a operar en los dones de Dios. Finalmente, al final de la vida de Elías, Eliseo se convirtió en el único poseedor del manto que tiempo antes había sido puesto sobre sus hombros (véase 2 Reyes 2:1–14), y siguió realizando actos proféticos incluso más milagrosos que los que había hecho su mentor Elías.

¿Imparte Dios sus dones en menor medida hoy? ¿Acaso no deberíamos esperar más actividad del Espíritu Santo ahora, según se despliegan los últimos días? A veces, si no tengo a nadie que pueda orar por mí, me impongo manos sobre mí mismo para activar los dones que Dios quiere usar. Impongo manos sobre mi estómago y digo: "De mi interior brotarán ríos de agua viva" (véase Juan 7:38), ¡y funciona! Los dones que Él me ha dado fluyen para el beneficio de otras personas. De hecho, ¡uno de los mayores gozos de mi vida es ver a gente teniendo encuentros con Dios! Es mejor que ver una buena película. Usted y yo llegamos a ser los actores en el escenario de Dios en "El mayor espectáculo de la tierra".

3. Hágase disponible para Dios

Deberíamos ser conscientes de que es bastante posible que perdamos nuestra oportunidad de recibir una impartición de la gracia de Dios. Recuerdo ver a la evangelista de sanidades Kathryn Kuhlman en un programa de televisión ya avanzada su vida. "Yo no era la primera opción de Dios", dijo muy segura. "Dios le ofreció este don, este ministerio, primero a un hombre. Y él rehusó. Entonces Dios vino a una mujer fea y pelirroja y pecosa... y yo dije sí". Ella recibió el don y el llamado porque estuvo disponible.

Piense en cómo los discípulos de Jesús recibieron sus imparticiones. Se hicieron disponibles cuando Él los llamó y los envió a ministrar en su autoridad. Fueron a los pueblos, sin Él, para probar sus nuevos dones, y después regresaron contándole su éxito. (Véase, por ejemplo, Lucas 10:1–11, 17–19). "Hacerlo" les produjo gran gozo, incluso en medio de sacrificios personales y dificultades que llegaron con el territorio.

MÚLTIPLES DONES

Para el propósito de este libro, he escogido concentrarme en nueve de los dones más importantes del Espíritu, que se encuentran en 1 Corintios 12: discernimiento de espíritus, palabra de sabiduría, palabra de conocimiento, fe, dones de sanidad, lenguas, interpretación de lenguas, profecía y poder de milagros. Pero la Escritura presenta otros cuantos dones espirituales. Mire este maravilloso inventario de dones, enumerados alfabéticamente, el cual incluye los nueve dones que acabo de mencionar:

1. Administraciones, o "dirigir" (véase 1 Corintios 12:28)
2. Apóstol (véase 1 Corintios 12:28; Efesios 4:11)

3. Ayuda (véase 1 Corintios 12:28)
4. Celibato (véase 1 Corintios 7:7)
5. Dar (véase Romanos 12:8)
6. Discernimiento (o distinguir) de espíritus (véase 1 Corintios 12:10)
7. Diversos tipos de lenguas (véase 1 Corintios 12:10; 1 Corintios 14:1–34)
8. Enseñar (véase Romanos 12:7)
9. Evangelista (véase Efesios 4:11)
10. Exhortación (véase Romanos 12:8)
11. Fe (véase 1 Corintios 12:9)
12. Hacer milagros o poderes (véase 1 Corintios 12:10)
13. Justicia (véase Romanos 5:17)
14. Interpretación de lenguas (véase 1 Corintios 12:10)
15. Liderazgo, o gobernar (véase Romanos 12:8)
16. Maestro (véase 1 Corintios 12:28; Efesios 4:11)
17. Misericordia (véase Romanos 12:8)
18. Palabra de conocimiento (véase 1 Corintios 12:8)
19. Palabra de sabiduría (véase 1 Corintios 12:8)
20. Pastor (véase Efesios 4:11; Hechos 20:28; 1 Pedro 5:2)
21. Profecía (véase 1 Corintios 12:10; 1 Corintios 14:1)
22. Profeta (véase 1 Corintios 12:28; Efesios 4:11)
23. Sanidades (véase 1 Corintios 12:9, 28)
24. Servicio (véase Romanos 12:7)
25. Vida eterna (véase Romanos 6:23)

La mayoría de estos dones están mencionados en cuatro lugares distintos del Nuevo Testamento donde encontramos que aparecen enumerados dones: Romanos 12, 1 Corintios 12, Efesios 4 y 1 Pedro 4.

Algunas personas ven otros dones en las páginas de la Biblia, como artesanía, ánimo, ayunar, hospitalidad, oración de intercesión, interpretación de sueños, juicio (ser un juez sabio), misiones (ministerio transcultural), música, filantropía y dirigir la alabanza. El apoyo bíblico para estos dones no se ha producido en forma de lista, pero se puede ver en anécdotas bíblicas y en varios mandatos y directivas.

Muchas variaciones de dones

Creo que los dones del Espíritu son tan amplios como Dios mismo, así que no hay razón para adherirse rígidamente a un conjunto en concreto o enumerarlos como algo exclusivo o definitivo. Incluso dentro de las listas bíblicas puede haber variaciones de dones, dependiendo de su aplicación. Tomemos "maestro" o "enseñanza", por ejemplo. Algunas personas enseñan a adultos, otras enseñan a niños. Aún otras enseñan solo a grupos especiales, como personas con "necesidades especiales" o estudiantes internacionales. Todos los maestros se especializan en los temas que presentan a sus estudiantes, y bajo cualquier tema principal hay grandes números de especialidades. Los maestros de música, por ejemplo, podrían enseñar a tocar un instrumento en concreto, la música de una cultura en particular o cómo dirigir la alabanza.

Además, la mayoría de los maestros prefieren un método concreto de enseñanza. Un buen número de maestros que llaman a la enseñanza su carrera se expresan verbalmente, tanto a grupos grandes como pequeños, muchos de ellos usando la tecnología para amplificar y retransmitir sus voces. Otros maestros no verbalizan mucho porque la mayoría de su enseñanza es por escrito, en forma impresa. Algunos maestros son muy informales, simplemente usando el don en el transcurso de sus comunicaciones diarias con los miembros de la familia o socios de la empresa. Otros usan un estilo más formal.

Hay, por lo tanto, muchas formas y métodos distintos de enseñar. ¿Consideraría usted cada tipo de enseñanza como un don distinto, o un subconjunto del don principal? Sea como fuere, no podemos poner una limitación o límite a la variedad de dones que Dios puede dar.

"Dones circunstanciales", "Dones ministeriales" y "Dones de oficio"

Algunos de los dones del Espíritu parecen operar de una forma temporal, según la necesidad del momento. Podríamos llamarlos dones "circunstanciales" del Espíritu Santo. En otros casos, los creyentes operan regularmente en uno o más dones; los dones parecen residir dentro de ellos. Podemos llamarlos "dones ministeriales" del Espíritu Santo. Un número selecto de creyentes solo opera coherentemente en uno o más dones, pero también han sido apartados *ellos mismos como dones* de Dios para el cuerpo de Cristo para equipar a la iglesia para hacer las obras de Jesús. (Véase Efesios 4:11). A esta categoría de dones a menudo se les llama los "oficios" o "llamados" del Espíritu.

EL ESPÍRITU ESTÁ LISTO PARA LIBERAR LOS DONES DE DIOS

El tema de los dones del Espíritu es maravilloso, y es bastante emocionante de enseñar; pero es incluso mejor experimentar los dones en acción. Claramente, ya sea que el don de Dios sea circunstancial, regular o un llamado para un periodo extenso de tiempo, sucede solo por la gran gracia de Dios. Usted no se puede ganar los dones del Espíritu Santo. Por eso se llaman "dones". ¡Y sus dones siguen siendo liberados hoy!

Desde el comienzo de los tiempos, el Espíritu Santo ha deseado encontrar personas a través de las cuales Él pueda manifestarse, gente abierta y receptiva a Él. En la creación, Él "se movía" como una gallina sobre sus polluelos antes de crear el mundo (véase Génesis 1:2, RVR-1960, NVI), culminando con la creación de los seres humanos a imagen de Dios. Más de dos mil años después, tras el Éxodo, Moisés dijo: *"¡Ojalá **todo** el pueblo del* SEÑOR *fuera profeta!"* (Números 11:29). El profeta Joel presagió un día en que profecía, sueños y visiones de Dios estarían muy extendidos. (Véase Joel 2:28–29). Después de la venida de Jesús a la tierra y de que el Espíritu fuera dado a la iglesia, Pedro anunció que el día profetizado por Joel había llegado. (Véase Hechos 2:14–18). Repito: seguimos viviendo en ese día, y Dios está ministrando sus dones a los que los reciban y los liberen para beneficio de la iglesia y para la salvación del mundo.

Debemos orar para ser buenos administradores de los dones del Espíritu buscando tres aspectos de la plenitud del Espíritu en nuestra vida: (1) plenitud de poder (los dones del Espíritu), (2) plenitud de carácter (el fruto del Espíritu; véase Gálatas 5:22–23), y (3) plenitud de sabiduría. A menos que tengamos estos tres aspectos de la plenitud, los dones del Espíritu estarán sujetos a desuso o mal uso, y el reino de Dios tardará en venir. Debemos seguir creciendo y madurando, siendo conformados a la imagen de Cristo, mientras ejercitamos los dones espirituales en carácter piadoso y sabiduría.

Las palabras de Pablo a Timoteo son válidas para cada uno de nosotros: *"Por lo cual te aconsejo que avives el fuego del don de Dios que está en ti"* (2 Timoteo 1:6, RVR-1960) y *"No descuides el don espiritual que está en ti"* (1 Timoteo 4:14). Avivemos nuestros dones, sacándolos para la gloria de Dios. ¡Ven, Señor Jesús! ¡Ven, Padre! ¡Ven, Espíritu Santo!¡Llénanos de nuevo, en este momento!

Padre celestial, quiero crecer en las tres dimensiones del Espíritu Santo en mi vida. Te pido más de tu poder, más de tu carácter y más de tus sabios caminos. Te pido que seas mi dador de dones, el que me hace dar fruto, y mi maestro y guía, siempre para tu gloria. Sin tu ayuda, no puedo aprender a vivir como Cristo. Al caminar por esta vida, que pueda yo reflejar a Jesús por el poder del Espíritu Santo dondequiera que vaya. Permíteme estar continuamente abierto y receptivo a los dones que quieras darme. ¡Tengo grandes expectativas de que tú te moverás en mi vida hoy! ¡Amén y amén!

CÓMO SE MUEVE EL ESPÍRITU SANTO

"'Pondré mi Espíritu en vosotros, y viviréis, y os pondré en vuestra tierra. Entonces sabréis que yo, el Señor, he hablado y lo he hecho' —declara el Señor".
—Ezequiel 37:14

Al Espíritu Santo le encantan los caos. ¿Cómo lo sé? Regresemos al segundo versículo de la Biblia: "Y la tierra estaba sin orden y vacía, y las tinieblas cubrían la superficie del abismo, y el Espíritu de Dios se movía sobre la superficie de las aguas" (Génesis 1:2). En la creación, mientras el Espíritu Santo permanecía sobre la nada sin forma, Dios habló y se creó el mundo como lo conocemos. El Espíritu de Dios "amó" el caos hasta la vida, transformándolo de caos a magnificencia.

Muchos eruditos bíblicos aplican "la ley de la primera mención" a su estudio e interpretación de las Escrituras; este principio mantiene que la primera vez que se encuentra una palabra, concepto o doctrina en las Escrituras fija sus características desde ese punto en adelante. En el versículo de arriba, que es el segundo versículo de toda la Biblia, vemos que el Espíritu de Dios se *mueve*. Y así es como Él opera hasta la fecha. Todo el tiempo, Él se sigue moviendo por la superficie de la tierra, y produce luz en las tinieblas dondequiera que va. Él no dejó de moverse así después de ser creada la tierra, porque está constantemente renovando la faz de la tierra, junto con los corazones de los habitantes de la tierra.

La respuesta más básica a la pregunta: "¿Cómo se mueve el Espíritu Santo?" es diciendo que Él *merodea*. Él está por encima de algo hasta que decide moverse, habiendo completado su inspección o implementación. ¿Cómo deberíamos responder a esta información? A veces, puede parecernos que nuestra vida es también como un "vacío sin forma", pero el Espíritu Santo dentro de nosotros no está inerte. Podemos responder a sus movimientos dentro y alrededor de nosotros hoy. ¡Podemos abrir nuestro corazón para recibir la gracia de Dios y para liberarla a otros!

CÓMO RESPONDER AL ESPÍRITU SANTO

Se me ocurren al menos tres formas en que siempre deberíamos responder al Espíritu. Usted y yo deberíamos intentar...

1. *Honrarle como a un invitado, y su propietario*

Dé la bienvenida al Espíritu Santo a su hogar, a su propio espíritu. Recíbalo como a un amigo, pero sin pasarme de familiaridad. Reconózcalo como la tercera persona de la Trinidad, con su propia personalidad y formas peculiares. Como escribió Juan el Amado: "Pero cuando Él, el Espíritu de verdad, venga, os guiará a toda la *verdad, porque no hablará por su propia cuenta, sino que hablará todo lo que oiga, y os hará saber lo que habrá de venir"* (Juan 16:13).

Ahora bien, "invitado" quizá no sea la mejor palabra que se pueda usar, de hecho. Cuando damos la bienvenida al Espíritu como invitado, tenemos que reconocerlo no solo como nuestro Invitado sino también como nuestro Propietario. Cuando le abrimos la puerta, Él no está apareciendo solo como invitado. ¡No olvide que Él es el *Propietario* del lugar!

2. Buscar su presencia

El Espíritu Santo es más que nuestro Invitado especial; Él es quien nos equipa. Al pedirle, debemos buscar ser equipados por Él, continuamente, para que podamos hacer la obra del ministerio. Él es profundamente generoso con el regalo de su propia persona, pero quiere que le pidamos. Jesús lo dice de esta manera:

> *Y yo os digo: Pedid, y se os dará; buscad, y hallaréis; llamad, y se os abrirá. Porque todo el que pide, recibe; y el que busca, halla; y al que llama, se le abrirá. O suponed que a uno de vosotros que es padre, su hijo le pide pan; ¿acaso le dará una piedra? O si le pide un pescado; ¿acaso le dará una serpiente en lugar del pescado? O si le pide un huevo; ¿acaso le dará un escorpión? Pues si vosotros siendo malos, sabéis dar buenas dádivas a vuestros hijos, ¿cuánto más vuestro Padre celestial dará el Espíritu Santo a los que se lo pidan?* (Lucas 11:9–13)

Si un hijo le pide a su padre un pez, no le dará una serpiente, ¿verdad? Así tampoco el Espíritu Santo nos da un regalo falso o dañino. Y nunca nos da demasiado poco, ni de más. Nunca podremos estar demasiado llenos de Él, porque Él aumenta nuestra capacidad durante el camino, abriendo nuevas salas en nuestro corazón, extendiéndonos para recibir más. A veces, en mi viaje con Dios, siento como si Él me hubiera hecho una cirugía a corazón abierto. Es como si Él me hubiera abierto el pecho y hubiera expuesto mi corazón para poder entrar en él en mayor medida.

"Buscar su presencia" puede sonar un poco trivial. Permítame decirlo de una forma más animada: *Enamórese de Él*. Cree una atmósfera de magnetismo mediante la adoración que lo atraiga a Él. Dígale palabras de bendición, asombro y celebración. Invítelo a estar activo en su vida hoy.

3. Dele la libertad de tomar el mando

Una vez que le haya dado la bienvenida en lo más hondo de su ser, permítale que se ocupe de usted. Cuando le permita a Él tener todo el control, encontrará la verdadera libertad. Descubrirá que el Espíritu le capacita para controlar las obras erróneas de su naturaleza humana caída.

> *Ahora bien, el Señor es el Espíritu; y donde está el Espíritu del Señor, hay libertad. Pero nosotros todos, con el rostro descubierto, contemplando como en un espejo la gloria del Señor, estamos siendo transformados en la misma imagen de gloria en gloria, como por el Señor, el Espíritu.*
>
> (2 Corintios 3:17–18)

El Espíritu le cambiará, ¡y le gustarán los resultados!

EVITE ESTAS RESPUESTAS NEGATIVAS AL ESPÍRITU SANTO

Nuestra relación continua con el Espíritu Santo es algo delicado. Se puede dañar muy fácilmente. Por esta razón, las Escrituras nos avisan en contra de varias de las actitudes y acciones que pueden interrumpir nuestro vínculo con el Espíritu.

1. No sea ignorante acerca del Espíritu

Pablo habla mucho de este punto. Lo reitera al menos trece veces en sus epístolas, escribiendo, por ejemplo: *"No quiero, hermanos, que ignoréis acerca de los dones espirituales"* (1 Corintios 12:1,

RVR-1960). Es triste decirlo, pero gran parte del cuerpo de Cristo es ignorante respecto a los dones espirituales y la actividad con un propósito del Espíritu Santo. No estoy siendo crítico cuando afirmo este hecho. Tenemos que educarnos acerca de cómo responder al Espíritu en medio nuestro, enseñándonos unos a otros a caminar y vivir por el Espíritu. (Véase Romanos 8:4; Gálatas 5:16, 25).

2. No entristezca al Espíritu

Pablo escribió mucho acerca de cómo cooperar con el Espíritu de Dios. A la iglesia en Éfeso, dijo:

> *No salga de vuestra boca ninguna palabra mala, sino sólo la que sea buena para edificación, según la necesidad del momento, para que imparta gracia a los que escuchan. Y no entristezcáis al Espíritu Santo de Dios, por el cual fuisteis sellados para el día de la redención. Sea quitada de vosotros toda amargura, enojo, ira, gritos, maledicencia, así como toda malicia.*
>
> (Efesios 4:29–31)

De este contexto, entendemos que una de las formas más comunes de entristecer al Espíritu es tratar mal a los seres humanos. Hablar mal y con crítica era un problema también en los días de Pablo como lo es hoy. Y cuando entristecemos al Espíritu, Él se apaga. Se queda ahí tranquilo, pero da un paso atrás y espera a que nos demos cuenta de lo que hemos hecho para que podamos arrepentirnos y reparar el daño.

El Espíritu no nos asirá por el cuello y nos zarandeará hasta que pidamos disculpas. Él permitirá que su aparente ausencia pese mucho en nuestro espíritu. Le extrañaremos, aunque a veces toma tiempo reconocer que nuestra comunión con Él se ha roto.

Si valoramos la gentil presencia del Espíritu de Dios, tenemos que aprender a reemplazar nuestra "malsana forma de hablar" por palabras de bendición y ánimo, y reducir nuestros pensamientos y palabras negativas lo antes posible. Puede hacerlo en este mismo instante, si fuera necesario.

3. No insulte la presencia de la sensible Paloma de Dios

Esta advertencia es similar a la anterior. No solo es posible contristar al Espíritu Santo, sino que es igualmente posible insultarlo. Cuando usted insulta a alguien, la persona se cierra. Se aleja de su presencia lo antes posible, y quizá no vuelva. Hay una buena cantidad de énfasis en la iglesia en cuanto a la necesidad del creyente de ser sensible a la Paloma de Dios, pero algo que también requiere una seria atención ¡es la naturaleza sensible de la Paloma misma!

Los cuatro escritores de los Evangelios informan que cuando Jesús fue bautizado por su primo Juan, los cielos se abrieron y el Espíritu Santo descendió sobre el Hijo de Dios como una paloma. (Véase Mateo 3:16; Marcos 1:10; Lucas 3:21–22; Juan 1:32). Esta imagen mental es una opción muy significativa. Las palomas son tranquilas y dulces. No son egocéntricas, egoístas o dominantes. Y no es necesario mucho esfuerzo para amenazarlas o espantarlas.

Al autor de la carta a los Hebreos trató el asunto de insultar al Espíritu Santo al escribir: *"¿Cuánto mayor castigo pensáis que merecerá el que ha hollado bajo sus pies al Hijo de Dios, y ha tenido por inmunda la sangre del pacto por la cual fue santificado, y ha ultrajado al Espíritu de gracia?"* (Hebreos 10:29).

Seamos siempre reverentes y respetuosos con la naturaleza sensible del Espíritu.

4. No apague al Espíritu

El apóstol Pablo dio la indicación *"No apaguéis el Espíritu"* (1 Tesalonicenses 5:19). O como dice la versión *Dios Habla Hoy*: *"No apaguen el fuego del Espíritu"*. Cuando usted cubre una llama con una manta mojada, la apaga. Pronto humea, y después se convierte en ascuas frías. La gente puede apagar al Espíritu de muchas formas. De nuevo, tratar mal a otros puede apagar al Espíritu. La forma en que nos tratamos unos a otros es muy importante.

¿Cultivamos una cultura de respeto hacia otros? ¿Honran nuestros líderes a las personas que tienen a su cuidado, o meramente los tratan como números e intentan controlar su conducta? ¿Se están tratando los esposos y esposas con amor y respeto mutuo? ¿Prestan atención a las directivas bíblicas para el matrimonio, o piensan que son más sabios que la Biblia? Hay mucho consejo para que sigamos a lo largo del Nuevo Testamento acerca de cómo tratar a otros con amor y evitar apagar al Espíritu.

5. No tiente, o pruebe, al Espíritu

Otra forma de decir esto sería: "No mienta al Espíritu Santo". El deshonesto Ananías y su esposa Safira, tentaron al Espíritu cuando fingieron que la cantidad de dinero que donaban a la iglesia era la cantidad total que habían recibido por una parcela de terreno. (Véase Hechos 5:1–11). Ambos mintieron a Pedro, que era el apóstol principal de la iglesia; pero, en verdad, le estaban mintiendo al Espíritu Santo, porque por supuesto que Él conocía la verdad. Pedro le preguntó a Safira: *"¿Por qué os pusisteis de acuerdo para poner a prueba al Espíritu del Señor?"* (Hechos 5:9). No habrían hecho nada malo si hubieran guardado parte o incluso todo el dinero, pero pecaron al hacer parecer que eran más justos y generosos de lo que en verdad eran.

Es bueno que estas mentiras no siempre resulten en una muerte instantánea, como en su caso, ¡o de lo contrario la iglesia sería una institución mucho más pequeña de lo que es! Consideremos todos la integridad de nuestras palabras y acciones, ya sea que estemos interactuando con personas dentro o fuera de la iglesia.

6. No blasfeme contra el Espíritu Santo

Blasfemia significa maldecir. A menudo oímos el nombre de Dios usado *"en vano"* (Éxodo 20:7) en forma de maldiciones como "Jesús", o "Cristo", o "Dios". Ciertamente, tales maldiciones no se pueden considerar un "discurso íntegro" (véase Efesios 4:29), pero se pueden perdonar. No ocurre lo mismo en el caso del Espíritu. Esto es lo que Jesús mismo dijo al respecto:

> *Por eso os digo: todo pecado y blasfemia será perdonado a los hombres, pero la blasfemia contra el Espíritu no será perdonada. Y a cualquiera que diga una palabra contra el Hijo del Hombre, se le perdonará; pero al que hable contra el Espíritu Santo, no se le perdonará ni en este siglo ni en el venidero.*
> (Mateo 12:31–32)

Esto es intenso. No se equivoque, una cosa es apagar u ofender al Espíritu Santo, pero pronunciar una maldición contra el divino Sustentador de la vida, el Espíritu de Dios, es un pecado irreversible. No es esto lo que está en juego cuando alguien habla por ignorancia, por ejemplo, cuando alguien atribuye las obras del Espíritu Santo al diablo. Estoy convencido de que la gravedad de la ofensa contra el Espíritu depende del grado de entendimiento que haya alcanzado la persona. No puedo creer que a una persona que verdaderamente haya caminado en cercanía con el Espíritu Santo le resulte fácil repudiarlo o blasfemar contra Él. (Observe bien que hay distintas interpretaciones de lo que constituye la blasfemia contra el Espíritu Santo de lo que brevemente he presentado aquí con respecto a este serio asunto. Pero el aviso de Jesús en Mateo 12 muestra lo crucial que es que honremos y reverenciemos al Espíritu y su obra en nuestra vida).

CÓMO MOVERSE CON EL ESPÍRITU

De acuerdo, ya basta de cómo *no* tratar al Espíritu Santo. Ahora, dirijamos nuestra atención a un consejo bíblico constructivo sobre cómo cualquiera de nosotros puede moverse con el Espíritu exitosamente. Como ocurre con todo lo demás, las exhortaciones bíblicas son fundamentos útiles, pero la mayoría aprende mejor observando buenos ejemplos de otros en el cuerpo de Cristo que ya han descubierto cómo cooperar con el Espíritu Santo. ¿Conoce a alguien que sea ejemplo de lo que significa vivir y moverse con Él?

Caminar con el Espíritu significa caminar en la luz de Dios. Una persona sabia dijo una vez que moverse en el Espíritu Santo significa fluir con el Señor de forma tan íntima como que no proyectemos dos sombras. ¡Me gusta eso! Veamos ahora qué es necesario para moverse con el Espíritu.

Debe nacer del Espíritu

La idea de *"nacer de nuevo"* (Juan 3:7) viene directamente de la discusión de Jesús con el fariseo Nicodemo. Antes de que pueda usted hablar sobre aprender a moverse con el Espíritu, debe nacer de nuevo. Esto no ocurre mediante alguna fórmula o ritual sino mediante una obra del Espíritu. El Espíritu está involucrado en nuestro acercamiento inicial a la fe, y cuando escuchamos su invitación, debemos abrirle la puerta de nuestro corazón y permitirle que nos dé el nuevo nacimiento espiritual. Al ser "nacidos del Espíritu" (véase Juan 3:6, 8) le damos permiso de hacer lo que quiera con nuestra vida, y le pedimos que nos ayude a caminar con Él.

Debe recibir el Espíritu y ser bautizado en Él

No podemos eludir esto: si desea moverse con el Espíritu, debe ser bautizado en el Espíritu. Debe permitirse ser "sumergido" en Él, permitirle que venga sobre usted desde la cabeza hasta la planta de sus pies. Con referencia a Jesús, Juan el Bautista dijo: *"Yo a la verdad os bautizo con agua para arrepentimiento, pero el que viene detrás de mí es más poderoso que yo, a quien no soy digno de quitarle las sandalias; Él os bautizará con el Espíritu Santo y con fuego"* (Mateo 3:11).

Al igual que nacer de nuevo, esta experiencia no se produce mediante una fórmula en particular o un ritual; es una obra del Espíritu. Puede usted sentir o no el "fuego" del Espíritu cuando Él le bautiza. Las palabras de Jesús a sus seguidores antes de Pentecostés son aplicables a nosotros hoy: *"Recibiréis poder cuando el Espíritu Santo venga sobre vosotros"* (Hechos 1:8). El Espíritu nos viste de sí mismo, y esto ocurre cuando le recibimos y somos bautizados en Él. Jesús llamó al Espíritu *"la promesa de mi Padre"* (Lucas 24:49). Él quiere que recibamos la promesa del Padre, que es el don de su propio Espíritu.

Debe ser continuamente lleno del Espíritu

Como tantas personas nacidas de nuevo y bautizadas en el Espíritu han observado, después de ser llenos del Espíritu, tendemos a "gotear" al atravesar las circunstancias de la vida. Perdemos la pista al Espíritu Santo. Nos apagamos. Esto no significa que tengamos que ser bautizados en el Espíritu una y otra vez, sino que tenemos que rellenarnos repetidamente. En el lenguaje original del imperativo de Pablo de *"sed llenos del Espíritu"* (Efesios 5:18), el verbo *"sed llenos"* es un verbo de causa en voz activa. Literalmente significa "seguir siendo llenos del Espíritu". Una sola llenura no durará. Aunque no "goteemos", continuamente damos a otros de nuestro rebose, y tenemos que recibir continuamente más del Espíritu para seguir estando llenos.

Debe conocer al Espíritu, oír al Espíritu y ver en el Espíritu

Conocer al Espíritu se produce a medida que usted oye sus susurros y sigue su voz. Conocer al Espíritu nos permite ver todo "en el Espíritu", a través de los ojos claros del Espíritu. Al explorar esta realidad, a la mayoría nos queda mucho camino por recorrer, pero podemos buscarle fervientemente para conocerle mejor.

La primera persona de la Trinidad que alguien conoce es el Espíritu Santo, porque Él es quien nos convence de pecado, de justicia y del juicio venidero. (Véase Juan 16:8). El Espíritu Santo es quien llama a la puerta de nuestro corazón (véase Apocalipsis 3:20), y es quien hace de Jesús una realidad viva para nosotros.

El Espíritu nos explica las cosas. Él habla de realidades de la nueva creación, y nos muestra cómo caminar en la obra terminada de la cruz de Jesús. Jesús sabía que necesitaríamos la ayuda del Espíritu cuando prometió enviarlo:

> Y yo rogaré al Padre, y El os dará otro Consolador para que esté con vosotros para siempre; es decir, el Espíritu de verdad, a quien el mundo no puede recibir, porque ni le ve ni le conoce, pero vosotros sí le conocéis porque mora con vosotros y estará en vosotros. No os dejaré huérfanos; vendré a vosotros.
> (Juan 14:16–18)

Cuando el Espíritu de Dios nos adopta, dejamos de ser huérfanos. Podemos abrazar con confianza nuestro nuevo estatus como hijos de Dios. Y con paciencia, podemos llegar a familiarizarnos tanto con su voz que ya no tengamos que hacer oídos sordos (endurecer nuestro corazón) cuando Él nos habla. (Véase, por ejemplo, Hebreos 3:15).

La clave para cualquier operación de los dones del Espíritu Santo es conocerle. Es importante conocer la doctrina y los principios espirituales, pero es más importante conocer al Espíritu Santo mismo. Con el don de lenguas, usted puede hablarle a Dios en el Espíritu cada día. (Véase capítulo 10 de este libro). Usted puede tener una relación personal sostenida con el Espíritu Santo. No endurezca su corazón. No desobedezca lo que Él le ha dicho que haga. Oiga y obedezca, ¡y viva!

Debe ser guiado por el Espíritu cuando camina en el Espíritu

Debe ser guiado por el Espíritu porque *"todos los que son guiados por el Espíritu de Dios, los tales son hijos de Dios"* (Romanos 8:14). Se supone que la gente debe ser capaz de mirar su vida y saber que usted es un hijo de Dios, al ver que usted es guiado por algo que no son sus emociones, su lógica o incluso su mente renovada. Usted está siendo guiado por el Espíritu Santo, la tercera persona de la Trinidad. Usted vive en una dimensión distinta a la de aquellos que no son guiados por el Espíritu.

El Espíritu Santo viene a su lado a ayudarle en cada circunstancia, porque Él es su ayudador. Él es su amigo, su consolador, el que le da fuerza y le capacita para vivir según el carácter y el poder de Jesús. *"Así que les digo: Vivan por el Espíritu, y no seguirán los deseos de la naturaleza pecaminosa"* (Gálatas 5:16, NVI).

El apóstol Juan escribió que si caminamos en la luz de Dios, la sangre de Jesús nos limpia de todo pecado. (Véase 1 Juan 1:7). Es importante destacar que la sangre de Jesús no puede limpiarnos si estamos caminando en tinieblas. Si persistimos en caminar en las tinieblas, nos volveremos insensibles al Espíritu. Pero Él no nos desafiará; más bien, esperará y nos dará oportunidades para que nos volvamos de nuevo a Él a fin de que podamos volver a caminar en libertad.

Debe orar en el Espíritu

Pablo escribió: *"Oraré con el espíritu, pero también oraré con el entendimiento"* (1 Corintios 14:15). Nosotros, también, tenemos que orar de ambas formas. Orando con nuestro espíritu en el Espíritu Santo (es decir, en una lengua desconocida producida por el Espíritu), podemos catapultarnos más allá de nuestro entendimiento natural. Como veremos cuando lleguemos a los capítulos diez y once, el don de lenguas no es el menor de los dones del Espíritu, como muchas personas suponen. Es en realidad la rampa de entrada a los otros dones. Cuando usted ora en el Espíritu, avanza en el mundo de los dones espirituales; después, quizá descubra que surge el don de fe, de sabiduría, de palabra de conocimiento, de profecía, de discernimiento de espíritus, o de otra cosa. El apóstol Judas resumió la importancia de orar en el Espíritu cuando escribió: *"Pero vosotros, amados, edificándoos en vuestra santísima fe, orando en el Espíritu Santo"* (Judas 1:20).

CÓMO SE MUEVE EL ESPÍRITU

No siempre es fácil seguir el rastro de un Espíritu que va y viene como una brisa invisible. Pero podemos confiar en que sus promesas nos ayudarán a seguirle y aprender sus caminos. Ocurrió igual con los discípulos de Jesús. Durante tres años habían caminado muy cerca de Él; y cuando estaba a punto de ser retirado de ellos para regresar al Padre, les aseguró que proveería para ellos cuando se hubiera ido, diciendo:

Yo os digo la verdad: os conviene que yo me vaya; porque si no me voy, el Consolador no vendrá a vosotros; pero si me voy, os lo enviaré... Aún tengo muchas cosas que deciros, pero ahora no las podéis soportar. Pero cuando El, el Espíritu de verdad, venga, os guiará a toda la verdad, porque no hablará por su propia cuenta, sino que hablará todo lo que oiga, y os hará saber lo que habrá de venir. El me glorificará, porque tomará de lo mío y os lo hará saber. Todo lo que tiene el Padre es mío; por eso dije que El toma de lo mío y os lo hará saber.

(Juan 16:7, 12–15)

Jesús tenía muchas cosas más que decir a sus discípulos, y se iba a asegurar de que ellos pudieran oírle y seguirle, aunque no estuviera físicamente presente con ellos. De algún modo, el *"Espíritu de verdad"*, acerca del cual los discípulos conocían muy poco, vendría, y de algún modo les guiaría y mostraría todo lo que tuvieran que saber y entender.

Como ahora sabemos, la llegada del Espíritu ocurrió el día de Pentecostés. (Véase Hechos 2). De inmediato, los creyentes recién bautizados en el Espíritu comenzaron a aprender a identificar los principios de cómo el Espíritu Santo se mueve y actúa. Prestando atención, ahora podían avanzar con Él y permitirle obrar a través de ellos, en cualquier lugar del mundo donde estuvieran. Hasta la fecha, los que seguimos a Jesús podemos hacerlo solo porque su Espíritu Santo está con nosotros y en nosotros.

De nuevo, el Espíritu revela a Jesús como una realidad viva y nos lleva a una relación más profunda con Él de una forma constante. Jesús nos presenta al Padre, así como lo dijo: *"Yo soy el camino, y la verdad, y la vida; nadie viene al Padre sino por mí"* (Juan 14:6). Y así como Jesús revela al Padre, el Espíritu Santo revela a Jesús. Es un ciclo interdependiente, y tenemos el privilegio de participar en él. El Espíritu Santo revela el consejo unificado de Dios Padre y Dios Hijo. El Espíritu no habla de sí mismo; habla del Padre y de Jesús. Él escucha sus conversaciones y habla de lo que oye, según la iniciativa de *ellos*, no independientemente y por su cuenta.

El Espíritu siempre sabe exactamente lo que Dios quiere hacer en nuestra vida. Por eso orar en el Espíritu es tan eficaz. Como escribió Pablo:

> *Y de la misma manera, también el Espíritu nos ayuda en nuestra debilidad; porque no sabemos orar como debiéramos, pero el Espíritu mismo intercede por nosotros con gemidos indecibles; y aquel que escudriña los corazones sabe cuál es el sentir del Espíritu, porque Él intercede por los santos conforme a la voluntad de Dios.* (Romanos 8:26–27)

El Espíritu Santo es nuestra fuente de vida, Aquel que nos lleva a la vida del Señor Jesús. Él nos convierte en verdaderos discípulos, porque está interesado en madurar nuestro carácter más que en aportarnos comodidad personal. Nos trae la verdad, no una falsa seguridad ni un falso consuelo. Él nos convence, persuade, pastorea y dirige a la fuente de vida de Dios. Nos ayuda a vencer nuestros temores, y nos estira más allá de nosotros, llevándonos a testificar del amor y el poder de Dios y mostrándonos cómo dar un fruto duradero. (Véase Juan 15:16).

Podemos conocer al Espíritu Santo porque Él vive en nosotros. Podemos confiar en Él, caminar con Él, vivir con Él, escucharlo. Podemos depender de Él siempre, con la confianza de que siempre nos saca de la oscuridad para llevarnos a la luz.

Además, debemos tener en mente que, en todo lo que hace, el Espíritu Santo nunca actúa de modo contrario a la Palabra escrita de Dios. Él la complementa y no compite con sus instrucciones y doctrinas. Haríamos bien en guardar las palabras de las Escrituras para poder tener una plomada que funcione en nuestro propio espíritu. De esa forma, cuando creemos que el Espíritu nos está diciendo algo, podemos ver si está en consonancia con la Palabra. Podemos verificar nuestras visiones y sueños o ajustar nuestro entendimiento de ellos. Podemos detectar enseguida cuándo comenzamos a caminar de una forma desequilibrada. Podemos activar nuestros dones espirituales con confianza y competencia. ¡Y podemos disfrutar del viaje!

ÁBRASE AL ESPÍRITU

¿Cómo podemos abrirnos a la obra del Espíritu Santo en la vida real? ¿Cómo podemos prepararnos y posicionar nuestro espíritu para poder movernos con el Espíritu de Dios?

Inicialmente, debemos conocer el valor de acallarnos. Debemos dejar de vivir tan apresurados. Cuando nuestro espíritu y nuestra mente son como peceras removidas o esferas de nieve sacudidas, no podemos oír lo que Él está diciendo. El salmista conocía este secreto: *"Espero en el Señor; en Él espera mi alma, y en su palabra tengo mi esperanza. Mi alma espera al Señor más que los centinelas a la mañana; sí, más que los centinelas a la mañana"* (Salmos 130:5–6).

En estos días, a veces decimos que el proceso de esperar en la presencia de Dios es como "empaparse". Es cuando usted rellena el tanque de su espíritu con el Espíritu Santo, y lo mejor es establecer un patrón de hacerlo lo primero en la mañana para que usted pueda regresar a ese lugar interior de paz y confiar en cualquier momento a lo largo del día, encontrando su satisfacción en Él. El salmista comparó acallar su alma a un niño contento al que se ha cuidado bien, cuyo hambre ha sido satisfecho por completo: *"Sino que he calmado y acallado mi alma; como niño destetado en el regazo de su madre"* (Salmos 131:2).

Una vez acallados, podemos buscar a Dios. A lo largo del día, podemos ejercitar el don de lenguas; podemos orar en el Espíritu.

Esto edifica nuestra fe de forma muy eficaz y nos vuelve hacia el corazón del Padre. Pablo escribió a los corintios: *"Hablo en lenguas más que todos vosotros"* (1 Corintios 14:18), y lo que quiso decir es que confiaba mucho en su don, hasta el punto de que quizá lo usaba más que todos los demás corintios juntos.

Al comienzo de mi ministerio, el Espíritu Santo me indicó que si oraba en el Espíritu durante dos horas antes de la hora asignada para dirigirme al pueblo de Dios, Él me daría un espíritu de revelación. Yo realmente quería eso, pero no sabía cómo podía dedicar dos horas seguidas a orar en lenguas. Así que conseguí un cronómetro y dividí el tiempo en partes de quince minutos a lo largo del día. Entonces el Espíritu me corrigió: *Yo no dije dos horas durante el día. Dije dos horas seguidas.* Obedecí, pero tuve que ejercitar mis músculos espirituales para poder hacerlo. Decidí cantar en el Espíritu, y cuando lo hice, me perdí en la oración y la adoración. Las dos horas ya no se me hicieron largas nunca más; y ciertamente, el espíritu de revelación comenzó a aumentar en mi vida. Fue una maravillosa preparación para fluir en el Espíritu.

Una parte importante de abrirnos al Espíritu Santo es decidir conscientemente ser un participante en todo lo que Él quiera hacer, en vez de seguir siendo solamente un observador pasivo. Cuando usted va a reuniones de adoración, debería estar listo para participar, anheloso de dar y no solo de recibir. Como mínimo, debería ser un intercesor, orando por los que están dirigiendo la reunión, "sosteniendo en alto sus brazos" como Aarón y Hur sostuvieron los brazos de Moisés para dar la victoria a los israelitas. (Véase Éxodo 17:8–13). Avive su fe y crea que Dios quiere usar "a alguien tan insignificante como yo", como dice Randy Clark, para impartir su amor a otros.

Incluso aunque esté teniendo uno de sus "peores días", puede seguir permitiendo que Dios le use. En su peor día, tiene algo vivo en su interior que puede dar. Es la esperanza de gloria. La verdadera esperanza es algo que el mundo no puede tener. Cuando camina y se mueve en la fuerza y el consejo que aporta el Espíritu, está operando en la gracia de Dios.

Pida al Espíritu Santo una revelación fresca de su gracia. Ya sabe que no puede ganarse los dones del Espíritu o acceder al poder de Dios sin la gracia. Cuando se mueve usted con el Espíritu en la gracia de Dios, todo el mérito y toda la gloria regresan a Dios, donde deben estar.

Padre bondadoso, en ti vivo, y respiro, y tengo mi ser. Dependo totalmente de ti. Me gozo de que eres tan accesible y que los dones de tu Espíritu vienen a mí por la gracia y no por mi propio desempeño. Hago una pausa y digo: "¡Gracias! ¡Te amo y amo tus caminos!". Ahora te pido que actúes sobre mi vida en frescos encuentros con tu Espíritu Santo, que es mi ayudador, mi guía y mi tutor personal. Ven, Espíritu Santo; quiero recibirte y liberar tu presencia y tus dones dondequiera que vaya. ¡Estoy emocionado por las nuevas aventuras en las que me estoy embarcando contigo! ¡Te alabo, Señor! ¡Amén!

CÓMO CRECER EN EL USO DE LOS DONES ESPIRITUALES

"Procurad alcanzar el amor; pero también desead ardientemente los dones espirituales… Puesto que anheláis dones espirituales, procurad abundar en ellos para la edificación de la iglesia".
—1 Corintios 14:1, 12

Cuando Jesús les dijo a sus discípulos: *"No os dejaré huérfanos"* (Juan 14:18), también nos estaba hablando a nosotros: a cualquiera que oiga sus palabras y crea en Él. Si Jesús no hubiera cumplido esta promesa, capacitándonos para ser adoptados en la familia celestial de su Padre Dios, usted y yo seríamos huérfanos, sin posición espiritual e incapaces de proveer para nosotros mismos. Pero Él la cumplió, y hemos sido adoptados como hijos e hijas de Dios. Jesús nos dio la bienvenida a su familia dándonos dones, y cada uno de ellos da continuamente en el contexto de la familia. Sus dones espirituales han sido establecidos solamente dentro del marco de una comunión de creyentes: el cuerpo de Cristo. *"Pues por un mismo Espíritu todos fuimos bautizados en un solo cuerpo,... y a todos se nos dio a beber del mismo Espíritu"* (1 Corintios 12:13).

Dios irradia su luz brillante a través de los dones. Ilumina lo más hondo de nuestro ser (véase Proverbios 20:27), y muestra su gloria al mundo en toda su extensión. Jesús dijo: *"Vosotros sois la luz del mundo. Una ciudad situada sobre un monte no se puede ocultar; ni se enciende una lámpara y se pone debajo de un almud, sino sobre el candelero, y alumbra a todos los que están en la casa"* (Mateo 5:14–15).

En otras palabras, incluso a pesar de lo mucho que los americanos de mente independentista puedan resistir la idea, los dones espirituales no se dan a individuos aislados, porque por definición, todo aquel que ha sido adoptado en la familia de Dios ya no está solo. No somos huérfanos, y ninguno es hijo único. Los dones espirituales se dan solamente dentro de un entorno de comunidad, y brillan con un resplandor colectivo. Recuerde que el vino nuevo se encuentra en el racimo. (Véase Isaías 65:8).

UNA CULTURA DE HONOR, AMOR Y SERVICIO

Por lo tanto, en cuanto a lo que a los dones espirituales concierne, usted no es un agente independiente. ¿Sabía eso? Usted no puede usar sus dones espirituales estando aislado, apartado de otras personas. Todos necesitamos el ministerio unos de los otros. Necesitamos el ánimo de los demás en la fe. Y florecemos en el contexto de una cultura donde los creyentes son *"afectuosos unos con otros con amor fraternal; con honra, daos preferencia unos a otros"* (Romanos 12:10).

Así como el cuerpo mundial de Cristo funciona como un cuerpo humano, igualmente lo hace cada asamblea local de creyentes, con cada miembro cumpliendo una función específica. Todo el cuerpo es necesario. (Véase 1 Corintios 12:12–31). Encontramos seguridad y responsabilidad ahí, y en verdad nuestros dones no pueden operar como deben fuera del cuerpo. ¿Para qué sirve una nariz o un ojo que está solo?

El uso de nuestros dones espirituales no es una competición, sino una colaboración, y cada uno de nosotros tiene que adoptar una posición humilde, incluso mientras trabajamos con toda nuestra energía. Nuestras identidades y nuestro orgullo no deberían quedar atrapados en nuestros dones; deberíamos reconocer el hecho de que solo somos una parte de un cuerpo mayor. Repasemos el pasaje de Romanos 12 donde Pablo habla de los dones espirituales:

> *Pues así como en un cuerpo tenemos muchos miembros, pero no todos los miembros tienen la misma función, así nosotros, que somos muchos, somos un cuerpo en Cristo e individualmente miembros los unos de los otros. Pero teniendo dones que difieren, según la gracia que nos ha sido dada, usémoslos: si el de profecía, úsese en proporción a la fe; si el de servicio, en servir; o el que enseña, en la enseñanza; el que exhorta, en la exhortación; el que da, con liberalidad; el que dirige, con diligencia; el que muestra misericordia, con alegría.*
>
> (Romanos 12:4–8)

En una comunión saludable, todos se sirven unos a otros. Nadie procura un lugar de honor. El apóstol está dispuesto a colocar las sillas, y el profeta barre alegremente el suelo cuando es necesario, porque cada persona encuentra su identidad en Cristo. Debemos preferir a los demás y dar a otros oportunidades de usar sus dones. (Véase, por ejemplo, 1 Corintios 14:26-32; Hebreos 5:14).

Recuerdo estar con mi amigo Ché Ahn, el fundador apostólico de la red de iglesias llamada Harvest International Ministry (HIM), con base en Pasadena, California. Estábamos ministrando en una iglesia en Alabama en la reunión de líderes antes de que comenzara la conferencia pública. Yo tenía relación con la iglesia, y estaba ayudando a presentar a Ché Ahn y HIM para una posible afiliación apostólica. Tuvimos juntos un buen almuerzo y compartimos nuestro corazón el uno con el otro. Después Ché se levantó y comenzó a limpiar las mesas. Sencillamente estaba siendo él mismo, haciendo un acto de bondad. Los corazones de los líderes fueron conquistados esa noche. ¿Por qué? ¿La gran visión? ¿Los maravillosos testimonios de todo el mundo? Posiblemente. Pero yo creo que lo que realmente convenció al grupo de líderes para decir sí a la invitación de asociarse con HIM fue el espíritu de servicio de Ché Ahn. Los dones florecen en una atmósfera de servicio.

USAR LOS DONES ESPIRITUALES ES ALGO ACTIVO, NO PASIVO

Como escribí antes, debe avivar los dones dentro de usted. No puede conformarse con sentarse en el servicio de adoración y esperar que el Espíritu le mueva de alguna manera. Tiene que pasar a la acción. Recuerde que Jesús nos dijo *id*:

> Y les dijo [a sus discípulos]: *Id por todo el mundo y predicad el evangelio a toda criatura… Y estas señales acompañarán a los que han creído: en mi nombre echarán fuera demonios, hablarán en nuevas lenguas; tomarán serpientes en las manos, y aunque beban algo mortífero, no les hará daño; sobre los enfermos pondrán las manos, y se pondrán bien… Y ellos salieron y predicaron por todas partes, colaborando el Señor con*

ellos, y confirmando la palabra por medio de las señales que la seguían. (Marcos 16:15, 17–18, 20)

Dios espera que su pueblo vaya para que Él pueda demostrar el poder de la cruz de Cristo e impartir vida a los espiritualmente hambrientos. Las señales siguen a los creyentes que avanzan y van al mundo con el evangelio. Las señales confirman la verdad, tanto para creyentes como para no creyentes por igual. El paso inicial crucial es que los creyentes avancen. No hay ningún "sentarse" en la gran comisión; es *"Id"*.

No permita nunca que ningún tipo de perfeccionismo religioso le haga ser pasivo. Tome riesgos. Gástese. Levántese y haga algo. Si duda porque no se siente preparado, y sigue esperando hasta haber conseguido "más", más confianza, más fortaleza, más sabiduría, más experiencia, más poder, y cosas así, nunca comenzará a dar a otros sobre la base de su don. Pero si hace algo con lo poco que tiene, Dios multiplicará esos pocos "panes y peces". Cuando actúa de forma generosa con lo que ya tiene, haciéndolo como le indique el Espíritu, se sorprenderá de lo mucho que obtendrá a cambio. Usar sus músculos espirituales siempre los hace más fuertes.

Aprenderá a ejercitar sus dones espirituales con madurez solamente si los usa. Como enfaticé en el prefacio de este libro, la práctica hace la perfección. Cuanto más practique, más competente será. De nuevo, tan solo dé de lo que ha recibido de su Padre, y espere, incluso pida abiertamente, recibir más. Su Padre está preparado para darle más gracias y dones de su Espíritu. (Véase, por ejemplo, Mateo 7:11; Marcos 11:24). *"Y esta es la confianza que tenemos delante de Él, que si pedimos cualquier cosa conforme a su voluntad, Él nos oye. Y si sabemos que Él nos oye en cualquier cosa que pidamos, sabemos que tenemos las peticiones que le hemos hecho"* (1 Juan 5:14–15).

¿Cómo puede estar plenamente seguro de que está pidiendo lo correcto? Por la obra del Espíritu de Dios en su corazón. El Nuevo Testamento sigue diciéndonos que pidamos y recibiremos porque, al buscar fervientemente a Dios, Él cambia los deseos de nuestro corazón para que encajen en los de Él. Cuando nos deleitamos en el Señor, nuestras peticiones se alinean con su voluntad, y terminamos pidiendo exactamente lo que Él sabe que necesitamos. (Véase Salmo 37:4). ¡Así es verdaderamente como funciona! Como antiguos huérfanos que éramos, podemos gozarnos en la nueva vida que Dios nos ha dado. *"Porque todos los que son guiados por el Espíritu de Dios, los tales son hijos de Dios"* (Romanos 8:14).

Tenga en mente que ciertos dones están siempre dentro de la voluntad de Dios para que los pidamos en oración, como los dones de profecía, lenguas e interpretación de lenguas. (Véase 1 Corintios 14:1, 5, 13). En otras palabras, nunca puede equivocarse al pedir estos dones. Dé un paso al frente y haga *algo*. Tan solo actúe hoy en fe, avivando su don y pidiéndole más a Dios, todo para el beneficio de la gente que le rodea: *"Así también vosotros, puesto que anheláis dones espirituales, procurad abundar en ellos para la edificación de la iglesia"* (1 Corintios 14:12). Revise sus motivos. Nunca deje que su uso de un don se convierta en una actuación, especialmente si sus dones le ponen en la plataforma delante de otros. Recuerde: usted no está edificando su propio pequeño reino. Más bien, usted ha sido adoptado en la familia de Dios, ¡lo cual le convierte en un ciudadano de *su* reino!

SEMBRAR Y COSECHAR

El dicho es cierto: lo que siembras, cosechas. (Véase 2 Corintios 9:6). Quizá me pregunte usted: "James, ¿qué tiene eso que ver con recibir y usar los dones espirituales?". Bueno, ¡*todo*! Permítame contarle algunas historias personales para ilustrarlo.

Cuando era mucho más joven, sembré en el ministerio y la vida de Mahesh Chavda de la iglesia All Nations en Charlotte, Carolina del Sur. Algunas personas quizá llamen a lo que yo hice ser un "escudero". Yo llevaba sus bolsas, intercedía por él, le llevaba café o una bebida caliente cuando él estaba orando por los enfermos durante horas, y servía de formas parecidas. Una vez, cuando estábamos en Praga, República Checa, regresé al hotel en busca de sus zapatillas de deporte porque tenía los pies cansados de estar de pie y orando por cientos de personas, uno a uno. A veces, de mi propio tiempo y dinero, ayudaba a organizar sus reuniones en el Medio Oeste y Nueva Inglaterra. Hice trabajo de primera fila para una cruzada en Haití. Me gustaba servir a este humilde hombre de oración y ayuno que se mueve en señales y prodigios extraordinarios hasta la fecha.

Bien, ¿sabe lo que ocurrió? Usted siembra y después cosecha. Yo sembré en la vida de este evangelista de sanidades, y ¿qué coseché? Un milagro auténtico: la sanidad de mi dulce esposa de una esterilidad médicamente documentada. No podíamos tener hijos, estábamos muy lejos de ello. Pero Mahesh, bajo una unción profética, declaró que tendríamos hijos, aunque era humanamente imposible. Y cuatro milagros después, ¡conocíamos el principio de sembrar y cosechar!

Este es un ejemplo más que animará su corazón. Ché Ahn, a quien mencioné antes como el apóstol fundador de Harvest Ministries International, estaba organizando unas conferencias en distintas partes de los Estados Unidos y en otros países. Como apóstol, él era amigo de algunos profetas muy reconocidos, como Lou Engle, Jill Austin, Stacey Campbell y yo. Ché no tenía un don tan pronunciado en su revelación como lo tiene hoy, pero sé por qué cambió. Después de haber invitado a estos profetas en su vida, recibió una *"recompensa de profeta"* (Mateo 10:41). ¿Cuál fue la recompensa? Un aumento del espíritu de revelación en su propia vida.

¡Usted cosecha lo que siembra donde siembra! Por lo tanto, si quiere crecer en cuanto a recibir y liberar dones espirituales, entonces sirva en una esfera y vea lo que el Señor hace. Cuanto más dé, más recibirá. Cuanto más siembre en la vida y ministerio de otra persona, más crecerá. ¡Es la forma en que opera el reino de Dios!

VARIEDADES DE DONES, MINISTERIOS Y OPERACIONES

Como mencioné antes, hay una variedad casi infinita de formas en que el Espíritu de Dios se expresa a través de los dones espirituales, ministerios y varias operaciones o acciones. Pablo amplió nuestro entendimiento de esta realidad cuando escribió: *"Ahora bien, hay diversidad de dones, pero el Espíritu es el mismo. Y hay diversidad de ministerios, pero el Señor es el mismo"* (1 Corintios 12:4–5). Concluyó esta idea diciendo: *"Y hay diversidad de operaciones, pero es el mismo Dios el que hace todas las cosas en todos"* (1 Corintios 12:6). Los ministerios están compuestos por una colección de dones; y la amplia variedad de dones, expresados a través de distintas personalidades, varía aún más mediante las circunstancias que los rodean.

Por mucho que nos gustaría lograr una uniformidad en la expresión de los dones (una inclinación que viene de la inseguridad y el deseo de control, según me parece a mí), no podemos dejar de lado el hecho de que el Espíritu Santo se expresa con una creatividad inagotable. No hay una sola manera "correcta" de implementar los dones (aunque, por causa de guardar un orden, es útil seguir ciertos protocolos). Así, en un lugar de ministerio, la gente hará fila al frente para recibir oración por sanidad. En otros lugares, encontrará salas de sanidad y oración. En otros lugares, una simple declaración de "¡Sé sano!" será eficaz. Algunas iglesias promoverán un modelo de sanidad de cinco pasos, mientras que otras no tendrán una idea de cuál es ese modelo. A veces, es cuestión del entorno. Los dones de algunas personas no parecen estar muy bien desarrollados cuando están en su iglesia de origen, pero en cuanto salen entre la población general, su don de evangelismo profético, por poner un ejemplo, realmente brilla.

Podemos aprender unos de otros sin imitar cada detalle. Aunque a usted quizá le impresione ver cómo el Espíritu actuó en una situación en concreto con otro creyente con ese don, no tiene que hacer lo mismo paso por paso, a menos que el Espíritu Santo le guíe a hacerlo. Cada persona debería seguir la guía del Espíritu en cada situación. Por ejemplo, solo porque usted viera a alguien soplar en el micrófono cuando oraba para que se moviera el Espíritu en un lugar, no significa que usted también tenga que hacer lo mismo. ¡Deje que el Espíritu haga las cosas a su manera! No estamos llamados a ser imitadores. Estamos llamados a estar seguros en nuestra identidad en Cristo y a liberar la expresión particular de sus dones en nuestra vida con la gente que nos rodea. ¡Y a disfrutar de todo el viaje creativo!

A pesar de la gran variedad de expresión, todo brota del mismo Dios, ¿no es así? El mismo Espíritu Santo ha inspirado a hombres y mujeres creyentes de todas las culturas y distinciones de clases a lo largo de los siglos, hasta este mismo minuto. Él expresa su gracia de forma distinta cada vez que se le permite obrar en alguien y a través de alguien. Él no se limita a obrar mediante los "profesionales religiosos" o incluso en un modo de expresión particularmente pulido. Nuestro Creador es muy creativo, y su vida fluye a través de cualquier miembro de su cuerpo que le abra las compuertas de su corazón.

Lo más importante es el amor. En 1 Corintios 12:31, Pablo escribió: "*Mas desead ardientemente los mejores dones. Y aun yo os muestro un camino más excelente*". Después siguió, en su famoso capítulo del amor, 1 Corintios 13, exaltando la supremacía del amor. Concluyó su discusión de la relación entre los dones espirituales y el amor mencionando la importancia de procurar el amor *junto con los* dones espirituales: "*Procurad alcanzar el amor; pero también desead ardientemente los dones espirituales*" (1 Corintios 14:1).

El amor atrae amor. El Espíritu Santo de Dios se está moviendo, y está buscando personas que le pertenecen. "*Porque los ojos del* SEÑOR *recorren toda la tierra para fortalecer a aquellos cuyo corazón es completamente suyo*" (2 Crónicas 16:9). Yo quiero que Él me encuentre y me fortalezca, ¿y usted?

EDIFIQUE SU FE

Si vamos a salir de nuestra zona cómoda y vamos a usar o liberar nuestros dones espirituales, la mayoría necesitamos un constante ánimo. ¿Dónde podemos encontrar las mejores palabras de ánimo? ¡En la Palabra misma! El Nuevo Testamento es rico en palabras que edifican la fe sobre los dones espirituales, y las exploraremos en profundidad en los siguientes capítulos de este libro. Edifique su propia fe orando, leyendo los siguientes versículos y otros versículos selectos, y después levantándose y declarándolos como verdad para usted. Estimule su propia mezcla de dones que el Espíritu le ha dado.

Pero a cada uno se le da la manifestación del Espíritu para el bien común... Pero todas estas cosas las hace uno y el mismo Espíritu, distribuyendo individualmente a cada uno según la voluntad de Él. (1 Corintios 12:7, 11)

Según cada uno ha recibido un don especial, úselo sirviéndoos los unos a los otros como buenos administradores de la multiforme gracia de Dios. El que habla, que hable conforme a las palabras de Dios; el que sirve, que lo haga por la fortaleza que Dios da, para que en todo Dios sea glorificado mediante Jesucristo, a quien pertenecen la gloria y el dominio por los siglos de los siglos. Amén. (1 Pedro 4:10–11)

Pues si vosotros siendo malos, sabéis dar buenas dádivas a vuestros hijos, ¿cuánto más vuestro Padre celestial dará el Espíritu Santo a los que se lo pidan? (Lucas 11:13; véase también Mateo 7:11)

Amados hermanos míos, no os engañéis. Toda buena dádiva y todo don perfecto viene de lo alto, desciende del Padre de las luces. (Santiago 1:16–17)

Procurad alcanzar el amor; pero también desead ardientemente los dones espirituales, sobre todo que profeticéis... Yo quisiera que todos hablarais en lenguas, pero aún más, que profetizarais... Así también vosotros, puesto que anheláis dones espirituales, procurad abundar en ellos para la edificación de la iglesia... Hermanos, no seáis niños en la manera de pensar; más bien, sed niños en la malicia, pero en la manera de pensar sed maduros... Cuando os reunís, cada cual aporte salmo, enseñanza, revelación, lenguas o interpretación. Que todo se haga para edificación.
(1 Corintios 14:1, 5, 12, 20, 26)

Y en los postreros días, dice Dios, derramaré de mi Espíritu sobre toda carne, y vuestros hijos y vuestras hijas profetizarán; vuestros jóvenes verán visiones, y vuestros ancianos soñarán sueños; y de cierto sobre mis siervos y sobre mis siervas en aquellos días derramaré de mi Espíritu, y profetizarán.
(Hechos 2:17–18 RVR-1960, citando Joel 2:28–29)

Pero recibiréis poder cuando el Espíritu Santo venga sobre vosotros. (Hechos 1:8)

Porque en todo fuisteis enriquecidos en El, en toda palabra y en todo conocimiento, así como el testimonio acerca de Cristo fue confirmado en vosotros; de manera que nada os falta en ningún don, esperando ansiosamente la revelación de nuestro Señor Jesucristo. (1 Corintios 1:5–7)

Y mi Dios proveerá a todas vuestras necesidades, conforme a sus riquezas en gloria en Cristo Jesús. (Filipenses 4:19)

El derramamiento del Espíritu Santo en Pentecostés es una de las cosas más grandes que jamás han ocurrido, además de la encarnación y la resurrección del Señor Jesucristo. Desde entonces, el Espíritu Santo ha estado moviéndose por la tierra, patrullando el territorio y ganando corazones. La influencia del Espíritu derramado supera todo el aparente aumento del poder malvado de Satanás que vemos en estos últimos días. (Véase, por ejemplo, 1 Timoteo 4:1; 2 Timoteo 3:1–5, 13). Vivimos en tiempos difíciles, pero venciendo nuestros temores con la fe, podemos ser parte del plan de Dios para vencer el mal y ganar de una vez por todas.

SEÑALES SEGUIRÁN

Dios ordenó que el evangelio sería predicado con señales que seguirían. (Vea lo que ocurrió en la iglesia primitiva, por ejemplo, en Marcos 16:15–20; Hechos 8:5–7; 28:1–10; Romanos 15:18–19; Hebreos 2:3–4). ¡Hay más "incrédulos" en el mundo hoy que no han escuchado el evangelio que los que había en tiempos de los apóstoles! Por lo tanto, en el transcurso de nuestra vida podemos esperar ver la victoria sobre las tinieblas mediante muestras brillantes y sin precedentes de la gracia de Dios y el poder sobrenatural, a través de su pueblo lleno de dones, al predicar el mensaje de salvación de Jesucristo.

Comencé este capítulo con las buenas nuevas de que no tenemos que dar vueltas para vivir una buena vida en nuestra fuerza humana. Jesús no nos ha abandonado en un orfanato del tamaño de la tierra. Más bien, a través de Él, hemos sido adoptados en la familia celestial de su Padre, y Él es ahora nuestro Hermano mayor. En el seno de la familia de Dios encontramos todo lo que necesitamos respecto a *"la vida y a la piedad"* (2 Pedro 1:3), y eso incluye los dones. Podemos descansar completamente en esta promesa: *"Y mi Dios proveerá a todas vuestras necesidades, conforme a sus riquezas en gloria en Cristo Jesús"* (Filipenses 4:19).

Dese la vuelta un momento y eche un vistazo. ¿Le están siguiendo señales y prodigios? ¿Ve detrás de usted un hilo de testimonios acerca de los dones del Espíritu Santo, no solo de ayer, sino también de hoy? ¿Está activa su fe? ¿Está usted proyectando la sombra de Jesús al permanecer en la luz del amor de Dios, su Palabra y sus obras? ¿Cuán "peligroso" es usted? En cuanto a mí, ¡yo quiero ver señales y prodigios! ¿Puedo escuchar un amén? ¡Amén!

Padre, en el gran nombre de Jesús, declaro que estoy recibiendo más del precioso Espíritu de Dios, y estoy comprometido a activar y liberar los dones que me das. Decido crear una cultura de honor hacia la Palabra de Dios y hacia los mensajeros de Dios que están en mi vida hoy. Creo que lo que siembro, eso cosecharé. Por lo tanto, me avivo en el Espíritu Santo, y espero que fluyan de mi interior ríos de agua viva a cada lugar donde yo vaya. ¡Estoy esperando que ocurran cosas radicales! En el poderoso nombre de Jesús, amén.

SECCIÓN 2

DONES PROFÉTICOS: LOS DONES QUE REVELAN

En esta sección comienzo un examen de cada uno de los nueve dones. Por causa de la presentación y descripción, agrupo los dones en tres grupos distintos de tres dones cada uno. El primer grupo es el de los dones que revelan, el segundo grupo es el de los dones que hacen, y el tercer grupo es el de los dones que hablan.

Comenzamos nuestro estudio de los dones que revelan en el capítulo 4 con una mirada al don de discernimiento de espíritus. Este don proporciona una percepción en el mundo espiritual, el cual incluye el Espíritu Santo, los espíritus buenos y los malos, y el espíritu del ser humano. Verá que el don de discernimiento se puede cultivar. Del mismo modo, sus sentidos se pueden entrenar para que, con el tiempo, pueda aprender de la experiencia a interpretar lo que recogen sus sentidos.

En el capítulo 5 repasamos el don de palabra de sabiduría. Este don capacita a las personas para hablar con claridad y convincentemente sobre los sabios propósitos de Dios, expresando su guía amorosa tanto a gobiernos como a individuos. Dejo claro que usted no tiene que ser de edad avanzada o saber mucha teología para operar en este don, porque es un don del Espíritu, no un producto de su intelecto. El don de palabra de sabiduría puede llegarnos de varias formas, como un "golpecito" interno, un versículo que "resalta", una visitación angelical, una visión o un sueño.

En el capítulo 6 nos enfocamos en el don de palabra de conocimiento. Uso este punto en el libro para explicar, mediante el ejemplo de un arcoíris, que los nueve dones no están tan separados ni son tan distintos como nos podríamos imaginar. Los límites que los definen pueden ser poco claros, así como los colores del arcoíris se mezclan con los colores que tienen a su lado. Muy frecuentemente, usted no puede discernir dónde termina un don y dónde empieza otro. Aun así, cada uno de los dones mantiene su propia huella distintiva.

En este capítulo explico que una palabra de conocimiento por lo general nos llega mediante una calmada impresión o sentimiento. Podríamos llamar a esto "oír internamente", o tener una "corazonada". Sencillamente usted "lo sabe porque sí", y no sabe cómo explicar por qué lo sabe. No hay forma de que ningún ser humano, ni la persona más sabia que haya existido en el mundo, pueda saberlo todo. Pero Dios sí. Él es omnisciente, sabe todas las cosas, incluso los secretos más profundos. Y mediante el don de palabra de conocimiento, comparte partes de su conocimiento con sus hijos e hijas. Podríamos decir que una palabra de conocimiento tiene que ver con la información, mientras que una palabra de sabiduría tiene que ver con la instrucción. También destaco que el don de palabra de conocimiento se solapa con dones de sanidades y hacer milagros, ayudando a crear una atmósfera de fe.

4

EL DON DE DISCERNIMIENTO DE ESPÍRITUS

"Amados, no creáis a todo espíritu, sino probad los espíritus para ver si son de Dios".
—1 Juan 4:1

En los años de mi infancia, algunos de los niños aún jugaban a los indios y los vaqueros, pero la mayoría de nosotros habíamos pasado a los juegos de guerra y las aventuras espaciales. La Guerra Fría se había asentado después de la II Guerra Mundial, lo cual significó que los misiles nucleares y las pistolas de rayos fueron parte del arsenal del armamento imaginario de todo buen niño estadounidense de sangre caliente. Y si teníamos que detectar la contaminación del enemigo, una caja de zapatos que no valía y un tubo de papel higiénico se podían convertir en un medidor Geiger totalmente funcional. El clic, clic, clic del medidor Geiger podía indicar cuánta "radiación" había en nuestro patio trasero.

DEFINIR EL DON DE DISCERNIMIENTO DE ESPÍRITUS

El don de discernimiento de espíritus (*"distinguir entre los espíritus"* en algunas traducciones; véase 1 Corintios 12:10, DHH) actúa un poco como un medidor Geiger espiritual para detectar una fuente que no es aparente para los sentidos naturales pero que no obstante está presente y ejerciendo alguna forma de influencia. El don provee percepción en el mundo espiritual, el cual incluye el Espíritu Santo, los espíritus angelicales buenos y malos, y los espíritus humanos. Da una visión sobrenatural del mundo de los espíritus.[1]

A veces puede resultar difícil saber dónde se origina la actividad sobrenatural, porque no todo viene del Espíritu Santo. Solamente alguien que pueda penetrar más profundamente con ojos espirituales puede saber la diferencia entre actividad sobrenatural del Espíritu Santo y de cualquier otro lugar.

El don de discernimiento de espíritus es la capacidad dada por Dios para reconocer e identificar (y muy a menudo la personalidad y condición) de los espíritus que están detrás de distintas manifestaciones o actividades...

La línea divisoria entre una operación humana y divina puede que sea borrosa para algunos creyentes, pero alguien con la facultad del discernimiento espiritual ve una clara separación.[2]

Individuos que tienen este don sobrenatural de percepción pueden percibir "el espíritu motivador detrás de ciertas palabras o hechos".³ Sam Storms, maestro bíblico y antiguo profesor asociado de teología en Wheaton College, sugiere que el don de discernimiento de espíritus es "un sentimiento o sensación sobrenaturalmente dado con respecto a la naturaleza y la fuente de un espíritu". Él propone que "este don espiritual pudiera ser la capacidad para enjuiciar con discernimiento las proclamaciones proféticas, estando por lo tanto relacionado con el don de profecía como la interpretación lo hace con el don de lenguas".⁴

Discernir significa distinguir, diferenciar o percibir, y las personas ejercitan el don de discernimiento de distintas formas, a menudo a través de sus sentidos. Algunos reciben la revelación visualmente, algunos "solo lo saben", y otros oyen o gustan perceptiblemente, mientras que otros tienen una capacidad más elevada para sentir diferencias y distinciones.

Todos debemos rendir nuestros cinco sentidos naturales al Espíritu Santo y practicar el discernir lo bueno de lo malo. (Véase Hebreos 5:14). En el reino de Dios podemos aprender a ser "naturalmente sobrenaturales" y "sobrenaturalmente naturales". Pero hay siempre una curva de aprendizaje grande. Nadie comienza siendo capaz de discernir perfectamente. Yo llevo en ello más de cuarenta años, y aún estoy descubriendo formas nuevas de moverme en los dones del Espíritu Santo, incluido el don de discernimiento de espíritus.

ESPECIALIDADES DE DISCERNIMIENTO

Como cualquiera de los otros dones, este don se expresa de formas específicas mediante personas específicas. Algunas personas tienen una unción para distinguir espíritus en el ámbito angelical. Además, su unción puede destacar uno de sus cinco sentidos. Conozco a una persona que puede discernir a los ángeles rápidamente pero no ve nada en el mundo demoniaco. Otras personas pueden usar el don de discernimiento de espíritus principalmente en la oración intercesora en la guerra espiritual, donde les ayuda a distinguir espíritus territoriales de oscuridad sobre una región. Otros pueden tener específicamente el don de ministrar liberación personal; tales personas pueden discernir si el propio espíritu de una persona está simplemente angustiado o si un espíritu demoniaco, como un "espíritu religioso", está causando conflicto y agitación. La gente que tiene una inclinación pastoral podrá aplicar su discernimiento a los espíritus humanos de otros para ayudarles a saber cuál es la mezcla de motivaciones en su interior. Yo tengo muchos sueños cuando duermo, y necesito poder discernir su significado. A veces, quizá un ángel aparece en un sueño en una capacidad simbólica, y el sueño lleva un mensaje que tengo que descifrar; pero otras veces un ángel verdadero visita la habitación, y lo primero que noto cuando me despierto es que la atmósfera está muy cargada con un propósito celestial.

Independientemente de que la persona sea o no "profeta" que puede ver lo que el Espíritu está haciendo, alguien con el don de discernimiento de espíritus puede *percibir* lo que está ocurriendo. La percepción se produce de muchas formas distintas. Tengo un amigo que siente un tipo de peso en sus hombros, lo reconoce como sobrenatural, y puede saber lo que significa cada vez. Otros sienten algo parecido a un fuego que descansa sobre sus cabezas. Si usted tiene este don, aprenderá por la experiencia cómo interpretar las señales. Es bueno tener muchos tipos de discernimiento especial dentro del cuerpo de Cristo, ¡y necesitamos todos los tipos de discernimiento bueno que podamos!

En mi vida y ministerio, he comprobado que los dones de discernimiento de espíritus funcionan bien en entornos de ministerios públicos así como en entornos privados para propósitos de intercesión. Por ejemplo, yo tuve un lapso de tiempo hace unos años en los que "veía" llamas de fuego descansando sobre individuos en la audiencia en los que el Espíritu estaba a punto de hacer algo glorioso. Lo único que tenía que hacer era anunciar su presencia. Yo escuchaba un *uffff* y veía una llama de fuego sobre la cabeza de alguien en la audiencia. Entonces señalaba a la persona y decía: "De acuerdo, esta persona de aquí en la tercera fila..." y la llama entraba en la persona, y él o ella "entraba" en el ámbito glorioso del Espíritu, a veces cayéndose de su asiento. Dios hacía cosas maravillosas en la gente, incluyendo la sanidad física, y yo no tenía que hacer nada más después de señalar que el Espíritu estaba a punto de obrar.

Bob Jones, que tiene un don profético, me enseñó mucho sobre el discernimiento de espíritus. A finales de 1980 y 1990, fuimos parte del nacimiento del movimiento profético actual en Kansas City. Casi todos los días Bob veía ángeles, participaba en la guerra espiritual con demonios, y discernía la presencia misma del Espíritu Santo. Aprendí a someter mis cinco sentidos naturales a la unción del Espíritu Santo de este extraordinario precursor.

En años recientes, he tenido muchas oportunidades de asociarme con mi querida amiga Cindy Jacobs de Generals International, viéndola pasar rápidamente del mundo natural al mundo de la percepción de lo sobrenatural, sintiendo ángeles, detectando la presencia demoniaca o manifestando la asombrosa santidad de Dios. Creo que este es su don más grande, ¡y ella me enseña nuevas posibilidades cada vez que ministramos juntos!

DESTELLOS DEL DISCERNIMIENTO EN EL NUEVO TESTAMENTO

Vemos diferentes categorías de discernimiento ilustradas a lo largo de los relatos del Nuevo Testamento del ministerio de Jesús y de la iglesia primitiva.

Discernir al Espíritu Santo

Juan el Bautista discernió al Espíritu Santo cuando el Espíritu descendió sobre Jesús del cielo como una paloma en su bautismo. (Véase, por ejemplo, Mateo 3:13–17). Juan no dejó que la familiaridad se interpusiera por delante del discernimiento. Recuerde que Jesús era el primo de Juan el Bautista, y eran de la misma edad. Ellos probablemente se conocían bien, y quizá incluso jugaron juntos cuando eran niños. Aun así, puede que Juan no estuviera seguro de que Jesús era el Mesías hasta que vio la paloma. (Véase Juan 1:32–34). Unos tres años después, los creyentes en el aposento alto el día de Pentecostés discernieron la presencia del Espíritu Santo en el sonido de un viento recio y después cuando las lenguas de fuego descansaron sobre sus cabezas. (Véase Hechos 2:2–3). No sabemos si pudieron discernir estas cosas con sus oídos y sus ojos naturales o si fue totalmente sobrenatural; pero en cualquier caso, estuvieron de acuerdo en lo que habían experimentado.

Discernir ángeles

La Biblia dice que un ángel apareció a Jesús en el huerto de Getsemaní, *"fortaleciéndole"* (Lucas 22:43). Tras la resurrección de Jesús, María vio dos ángeles en el sepulcro donde había sido puesto el cuerpo de Jesús. (Véase Juan 20:11–13). Un ángel apareció a Pablo para darle un mensaje de reafirmación cuando estaba en medio de una gran tormenta en el mar. (Véase Hechos 27:23–24). Los ángeles no se ven ni actúan igual todas las veces; por lo tanto, es necesario el discernimiento divino para saber si lo que uno está viendo es o no es un ángel en el que pueda confiar.

Discernir espíritus humanos

Desde lejos, Jesús discernió un espíritu de inocencia en Natanael. (Véase Juan 1:47–48). Poco después, discernió lo contrario a un espíritu de inocencia en personas que creían en Él solo por sus milagros. (Véase Juan 2:23–25). Años después, Pedro discernió los malos motivos de Simón el mago:

> *Entonces Pedro le dijo: Que tu plata perezca contigo, porque pensaste que podías obtener el don de Dios con dinero. No tienes parte ni suerte en este asunto, porque tu corazón no es recto delante de Dios. Por tanto, arrepiéntete de esta tu mal-*

dad, y ruega al Señor que si es posible se te perdone el intento de tu corazón. Porque veo que estás en hiel de amargura y en cadena de iniquidad. Pero Simón respondió y dijo: Rogad vosotros al Señor por mí, para que no me sobrevenga nada de lo que habéis dicho. (Hechos 8:20–24)

En el lado positivo de nuevo, Pablo discernió un "espíritu de fe" en un hombre cojo en Listra:

Y había en Listra un hombre que estaba sentado, imposibilitado de los pies, cojo desde el seno de su madre y que nunca había andado. Este escuchaba hablar a Pablo, el cual, fijando la mirada en él, y viendo que tenía fe para ser sanado, dijo con fuerte voz: Levántate derecho sobre tus pies. Y él dio un salto y anduvo. (Hechos 14:8–10)

Uno no esperaría encontrar fe alguna en un hombre que había sido cojo desde su nacimiento. ¡No había caminado en toda su vida! Sin embargo, tenía la esperanza de que si esperaba lo suficiente, algo bueno ocurriría. Después de mirarle fijamente, Pablo pudo discernir la fe del hombre y procedió a decirle al hombre que caminara. Él no hizo eso con todos los mendigos cojos que vio. Pero Pablo estaba bien sintonizado con el Espíritu, de tal forma que cuando llegó a este mendigo en particular, hizo una pausa y se tomó el tiempo de discernir lo que el Espíritu quería hacer.

Discernir espíritus malignos

Durante su ministerio terrenal, Jesús discernió muchos espíritus malignos manifestados de varias formas. Una vez, echó a un espíritu de enfermedad que estaba causando en una mujer una seria curvatura de su columna. Esta liberación de un espíritu maligno resultó en la inmediata sanidad de la mujer; sin embargo, Jesús no convirtió este incidente en un espectáculo. De hecho, no se dirigió en ningún momento al espíritu inmundo:

> *Y había allí una mujer que durante dieciocho años había tenido una enfermedad causada por un espíritu; estaba encorvada, y de ninguna manera se podía enderezar. Cuando Jesús la vio, la llamó y le dijo: Mujer, has quedado libre de tu enfermedad. Y puso las manos sobre ella, y al instante se enderezó y glorificaba a Dios.* (Lucas 13:11–13)

Jesús impuso sus manos sobre la mujer, y sin añadir palabras adicionales, el espíritu malvado se fue, como quedó demostrado por su inmediata capacidad para ponerse de pie derecha. Yo llamo a esto "atraer", hacer que un espíritu inmundo se vaya simplemente trayendo el Espíritu de Dios demasiado cerca como para que el espíritu malvado esté cómodo. A menudo, cuando discierno un espíritu inmundo y quiero deshacerme de él, puedo discernir también cuándo no tengo que hablar al espíritu. Atrayendo, estoy confiando en la realidad de que el Espíritu de Dios mora en mí, y que *"mayor es el que está en vosotros que el que está en el mundo"* (1 Juan 4:4).

Los apóstoles también discernieron espíritus inmundos. Cuando Pablo y Silas estaban predicando en Filipos, una empresaria llamada Lidia creyó y aceptó al Señor. Pero después una esclava iba detrás de Pablo y Silas por toda la ciudad, molestándolos al anunciar persistentemente al público, mediante un espíritu de adivinación, quiénes eran. Sus interrupciones no estaban ayudando a su predicación, porque aparentemente, cada vez que había una declaración, era como si cayera encima de aquel lugar un manto de incredulidad que anulaba la predicación. Finalmente, Pablo se hartó, y sin aviso previo echó al espíritu inmundo: *"Mas desagradando esto a Pablo, se volvió y dijo al espíritu: ¡Te ordeno, en el nombre de Jesucristo, que salgas de ella! Y salió en aquel mismo momento"* (Hechos 16:18). Nadie tuvo que decirle a Pablo: "Esta esclava está profetizando por el poder de un espíritu inmundo". Sencillamente, él fue capaz de discernirlo. Después de echar al espíritu inmundo con la orden, la atmósfera quedó limpia. Ahora su predicación podría penetrar. Parece que este giro en los acontecimientos molestó a Satanás. Los amos de la chica incitaron a la gente y a los oficiales públicos en contra de Pablo y Silas de tal forma que fueron arrestados y encarcelados. Pero no mucho después, surgió un avivamiento en la cárcel, y el carcelero y toda su familia recibieron a Cristo.

Un ejemplo bastante distinto de discernimiento de espíritus en el Nuevo Testamento ocurrió en la gran visión reveladora del apóstol Juan, en la que observó que veía tres espíritus inmundos que parecían ranas. (Véase Apocalipsis 16:13). Las ranas probablemente eran consideradas inmundas por los israelitas desde la plaga de ranas en el tiempo del éxodo de Egipto, y Dios las declaró específicamente inmundas cuando dio la ley. (Véase Levítico 11:9–12). Hoy, podemos a veces discernir la presencia de espíritus inmundos viendo una visión de un animal concreto con apariencia maligna en asociación con una persona o situación.

Estas son solo unas cuantas ocasiones de las muchas destacadas en las que el don de discernimiento de espíritus tuvo lugar en el Nuevo Testamento. Estoy seguro de que muchas veces el don estaba actuando de formas "encubiertas", como lo hace hoy día, sin que se mencione de forma alguna. A menos que este don esté operando, la iglesia no puede lograr ni mantener una buena salud y un buen crecimiento.

PROPÓSITOS DEL DON DE DISCERNIMIENTO DE ESPÍRITUS

Obviamente, uno de los principales propósitos del don de discernimiento de espíritus es por el bien de la *liberación* de la gente. Esto es lo que vemos cuando Jesús se encontró con el endemoniado gadareno. (Véase Marcos 5:1–20). Jesús llegó a la región, discernió y echó fuera a la *"legión"* de demonios en el hombre, y después se fue. No se quedó por allí para predicar o hacer milagros. La liberación de un hombre fue todo el propósito de la visita de Jesús a la zona de los gadarenos.

Un propósito relacionado con el don de discernimiento de espíritus es revelar y exponer a los siervos de Satanás y detener su obra y sus mensajes. Esto es lo que ocurrió cuando Pablo expuso los malos motivos de Elimas el mago: *"Entonces Saulo, llamado también Pablo, lleno del Espíritu Santo, fijando la mirada en él, dijo: Tú, hijo del diablo, que estás lleno de todo engaño y fraude, enemigo de toda justicia, ¿no cesarás de torcer los caminos rectos del Señor?"* (Hechos 13:9–10). Y más adelante, en Filipos, después de que Pablo hubiera discernido y expulsado un espíritu inmundo de la muchacha esclava, no solo se arraigó el evangelismo en la región, sino que los propietarios de la esclava no pudieron seguir explotando su don demoniaco para ganancia propia.

Adicionalmente, el don de discernimiento de espíritus es una ayuda vital para exponer a los falsos profetas y el error satánico en la doctrina. Leemos en la primera carta de Pablo a Timoteo: *"Pero el Espíritu dice claramente que en los últimos tiempos algunos apostatarán de la fe, prestando atención a espíritus engañadores y a doctrinas de demonios, mediante la hipocresía de mentirosos que tienen cauterizada la conciencia"* (1 Timoteo 4:1–2). Juan proveyó una prueba muy útil para verificar el discernimiento en este aspecto; podríamos llamarlo la prueba de "Jesús es el Señor". Si el espíritu de una persona ha sido capturado por un espíritu del anticristo, esa persona no puede confesar el señorío de Jesús:

> *Amados, no creáis a todo espíritu, sino probad los espíritus para ver si son de Dios, porque muchos falsos profetas han salido al mundo. En esto conocéis el Espíritu de Dios: todo espíritu que confiesa que Jesucristo ha venido en carne, es de Dios; y todo espíritu que no confiesa a Jesús, no es de Dios; y este es el espíritu del anticristo, del cual habéis oído que viene, y que ahora ya está en el mundo… Nosotros somos de Dios; el que conoce a Dios, nos oye; el que no es de Dios, no nos oye.*

En esto conocemos el espíritu de la verdad y el espíritu del error. (1 Juan 4:1–3, 6)

Cualquiera puede aplicar esta prueba. Un ángel caído o espíritu demoniaco simplemente no tiene la capacidad de decir la verdad de que Jesucristo ha venido en carne como el Hijo de Dios. Yo he aplicado esta prueba bíblica en muchas situaciones distintas, y funciona en cualquier entorno cultural. Asegúrese de añadir esta importante herramienta de evaluación a su equipo de discernimiento personal.

Como puede ver, el propósito subyacente del don de discernimiento de espíritus es que una persona pueda seguir el mover del Espíritu Santo. Por la operación de este don, una persona puede cooperar mejor con el Espíritu, cuyos movimientos son a menudo tan discretos que casi son imperceptibles. Las Escrituras describen al Espíritu Santo como un viento: *"El viento sopla donde quiere, y oyes su sonido, pero no sabes de dónde viene ni adónde va; así es todo aquel que es nacido del Espíritu"* (Juan 3:8; véase también Ezequiel 37:9–10).

John Wimber tenía un don excepcional en la capacidad de discernir los movimientos del Espíritu Santo en entornos colectivos. Recuerdo estar en reuniones con él en las que decía: "Él viene como un mar por la tierra ahora mismo. Una luz está comenzando por aquí, y se está moviendo por la gente en esa dirección". Y la gloria de Dios se extendía por la gente como una ola que venía.

PAUTAS PARA OPERAR EN EL DON DE DISCERNIMIENTO DE ESPÍRITUS

La única manera de aprender su propio "lenguaje" para el don de discernimiento de espíritus es mediante la práctica; el don se puede cultivar. Sus sentidos se pueden entrenar, y con el tiempo puede aprender de la experiencia cómo interpretar lo que sus sentidos captan. Las Escrituras dicen: *"Pero el alimento sólido es para los adultos, los cuales por la práctica tienen los sentidos ejercitados para discernir el bien y el mal"* (Hebreos 5:14). También puede sumergirse en la Palabra para que pueda recordar verdades clave, según sea necesario, para confirmar sus sentidos. Esto hará que queden frescos en su mente algunos consejos bíblicos, como la idea de probar los espíritus con la prueba de "Jesús es Señor".

A veces, la forma más clara de entender su discernimiento es examinar el fruto de la vida de una persona. ¿Es un buen fruto o no es tan bueno? Jesús dijo:

> *Por sus frutos los conoceréis. ¿Acaso se recogen uvas de los espinos o higos de los abrojos? Así, todo árbol bueno da frutos buenos; pero el árbol malo da frutos malos. Un árbol bueno no puede producir frutos malos, ni un árbol malo producir frutos buenos. Todo árbol que no da buen fruto, es cortado y echado al fuego. Así que, por sus frutos los conoceréis.*
>
> (Mateo 7:16–20)

No pierda de vista el fruto en su propia vida también. El don de discernimiento de espíritus no es el "don de la sospecha". Sus ideas y percepciones nunca se deberían usar para chismear o para difamar, sino siempre para edificar y construir el cuerpo de Cristo. El Espíritu Santo quiere curar y vendar a los miembros del cuerpo, no dañarlos. Nunca se alíe con el acusador de los hermanos, ¡el diablo! (Véase Apocalipsis 12:10).

Como puede ver, el don de discernimiento de espíritus tiene el potencial de ser explosivo; por lo tanto, es crucial usar la sabiduría al ejercerlo. Para no aprender todo por las malas (y poder causar daños), obtenga sabiduría más allá de sus años consultando a otros que tengan más experiencia con el don. Además, estimule los dones que acompañan, como la fe.

He observado que los dones de revelación como este pueden ir acompañados de una fe extra para actuar o para orar con autoridad.

Cultive el hábito de llevar al Padre en oración cualquier discernimiento o revelación antes de actuar en base a él. Busque la guía de Dios para la aplicación de lo que haya recibido. Al menos, siempre puede interceder en oración. La intercesión guiada por el Espíritu es siempre apropiada. Pero si Dios se lo indica, puede liberar una orden para reprender a algún enemigo que haya discernido.

Dios le guiará por el camino; tan solo mantenga una conversación continua con Él. Me uno al apóstol Pedro, y le digo: "*Gracia y paz os sean multiplicadas en el conocimiento de Dios y de Jesús nuestro Señor. Pues su divino poder nos ha concedido todo cuanto concierne a la vida y a la piedad*" (2 Pedro 1:2–3).

¿TIENE HAMBRE DE MÁS?

¿Está satisfecho con su propio nivel de discernimiento, o cree que el Señor tiene más para usted? Incluso escribir este capítulo ha causado un hambre nueva de más discernimiento en mí. Quiero percibir de forma más precisa a las fuerzas espirituales que actúan detrás de las cosas; y cuando son fuerzas de oscuridad, quiero desplazarlas y liberar más luz brillante del gobierno del reino de Dios. Por eso creo que deberíamos *pedir* este don del Espíritu Santo. "*No tenéis, porque no pedís*" (Santiago 4:2; véase también Juan 16:24). ¿Va a ser usted pasivo y decir que el don de discernimiento de espíritus es para apóstoles y profetas solamente? ¡Espero que no! Permítame enfatizar nuevamente que estos dones no son juguetes con los que podemos jugar en la plataforma pública, sino herramientas para edificar el reino de Dios. Él está esperando que nos convirtamos en todo lo que podemos llegar a ser en Cristo Jesús. ¡Vamos! ¡Suba a la plataforma conmigo!

Amado Señor, ¡no estoy satisfecho! Quiero más de la presencia, poder y dones de tu Espíritu. En el gran nombre de Jesús, pido ahora mismo un aumento del don de discernimiento de espíritus. Quiero ser capaz de conocer los movimientos del Espíritu Santo, detectar ángeles, echar fuera demonios y discernir las motivaciones internas de los corazones de los hombres y las mujeres. Te pido un aumento. Muévete en mis cinco sentidos naturales y dame lecciones y práctica. ¡Gracias por el aumento! En el poderoso nombre de Jesús, amén.

5

EL DON DE PALABRA DE SABIDURÍA

"Sin embargo, cuando estoy con creyentes maduros, sí hablo con palabras de sabiduría, pero no la clase de sabiduría que pertenece a este mundo o a los gobernantes de este mundo… Y nosotros hemos recibido el Espíritu de Dios (no el espíritu del mundo), de manera que podemos conocer las cosas maravillosas que Dios nos ha regalado. Les decimos estas cosas sin emplear palabras que provienen de la sabiduría humana. En cambio, hablamos con palabras que el Espíritu nos da, usando las palabras del Espíritu para explicar las verdades espirituales".
—1 Corintios 2:6, 12–13 (NTV)

Cuando tenía tan solo catorce años, tomé una carga de oración especial pidiendo sabiduría de Dios, y aún la llevo. Mis maestros de la escuela dominical me habían enseñado acerca de José, y Daniel, y Ester, y Nehemías, y otros de la Biblia que eran como ellos, gente que mostró una sabiduría excepcional. Esto me hizo ponerme a orar regularmente por tres cosas: (1) por sabiduría más allá de mis años, (2) porque Dios levantara "consejeros como José" para los que están en autoridad, y (3) por un corazón puro. Así, incluso antes de saber bien qué significaban estas cosas, estaba orando por un espíritu de sabiduría, un espíritu de consejo y un corazón de pureza.

Ya llevo años orando para que Dios levante personas como Salomón y como José, por personas en autoridad que tengan la sabiduría de Dios para sus jurisdicciones, y también para que haya sabios consejeros para la gente que está en autoridad. Sé que con un sabio consejo y sabiduría, desastres del tipo 11 de septiembre se pueden evitar. Los enemigos pueden ser capturados. Las guerras se pueden terminar. La sabiduría de Dios lo cubre todo, tanto a nivel individual como global.

Décadas después, sigo orando por un espíritu de sabiduría. De hecho, creo que lo necesito ahora más que cuando era joven. He obtenido bastante sabiduría, a menudo por duras experiencias y lo que yo llamo "lecciones de la leñera", y he visto respuestas a esa oración en mi vida, especialmente cuando he navegado por distintos movimientos eclesiales: evangélicos, carismáticos, Jesus People, Palabra de fe, discipulado, tercera ola, proféticos, reforma apostólica, y probablemente más que me he dejado fuera. Al haber experimentado lecciones de sabiduría difíciles durante el camino, he aprendido a orar pidiendo sabiduría para mis compañeros de viaje también. Con el apóstol Pablo, *"Pido que el Dios de nuestro Señor Jesucristo, el Padre glorioso, les dé el Espíritu de sabiduría y de revelación, para que lo conozcan mejor"* (Efesios 1:17, NVI).

Recuerdo una vez cuando oí al Espíritu Santo susurrarme una palabra de sabiduría que era más como un párrafo de sabiduría: *La falta de comunicación produce malentendidos. Los malentendidos pueden llevar a la acusación. Y la acusación que no se atiende siempre lleva a algún tipo de alienación.* Esa fue una verdadera palabra de sabiduría, y he recurrido a esa visión reveladora muchas veces en situaciones difíciles. El don de una palabra de sabiduría se necesita enormemente para ayudar a traer lo que yo llamo "soluciones de esperanza" a la vida de la gente ¡y a iglesias, ciudades y naciones!

Aunque el don de palabra de sabiduría es uno de los dones que más se necesitan, quizá sea uno de los que más se pasan por alto en el cuerpo de Cristo. Estamos rebasados de revelación profética y conocimiento de hechos, ¡pero a menudo nos falta la sabiduría de saber qué hacer con ellos! Como dijo Derek Prince: "El conocimiento nos da datos y la sabiduría nos dice qué hacer con esos datos".[1] Sin la ayuda del Espíritu Santo, no podemos interpretar y aplicar las revelaciones adecuadamente.

DEFINIR EL DON DE PALABRA DE SABIDURÍA

Me encanta la definición de Sam Storms del don de palabra de sabiduría. Él sugiere que puede ser "la capacidad para expresar ideas transformadoras de los propósitos misteriosos y salvíficos de Dios para la humanidad, tanto en un plano global como también en la aplicación a individuos".[2] La razón por la que aprecio este enfoque particular del don es porque enfatiza el aspecto de *dar* más que el aspecto de *recibir*. El don de una palabra de sabiduría hace posible que personas hablen de forma clara y convincente acerca de los sabios propósitos de Dios, comunicando su amorosa guía a gobiernos enteros (como lo hizo José en Egipto) así como a individuos dentro de la iglesia.

¿Tiene usted que ser de edad avanzada para poder ejercitar un don de sabiduría? Claro que no; José y Salomón estaban en la plenitud de su vida. ¿Debe conseguir un título teológico o alcanzar cierto estatus en el cuerpo de Cristo? No, se concede sobrenaturalmente como el Espíritu Santo quiere.

Dick Iverson, pastor fundador de City Bible Church (Oregon), antiguamente llamada Portland Bible Temple, dice: "No es *'una'* palabra de sabiduría sino *'la'* palabra de sabiduría. No es solo una palabra sobre el tema o la situación dada, es *'la palabra'* [la propia palabra de Dios] al respecto". Es una palabra que expresa "la voluntad de Dios en esa situación".[3] John Wimber observó que revela parte de la sabiduría total de Dios para la situación entre manos, y que no depende de la lógica humana. Él la llamó "transracional", lo cual incluye lo racional pero va más allá y por encima de ello.[4] La sabiduría de Dios es totalmente transracional: *"Porque mis pensamientos no son vuestros pensamientos, ni vuestros caminos mis caminos —declara el* Señor*"* (Isaías 55:8).

El don de palabra de sabiduría es un auxiliar tanto para el don de palabra de conocimiento como el don de profecía. Por ejemplo, cuando los profetas están presagiando tiempos de turbulencias y desesperación, necesitamos voceros sabios de Dios que nos ayuden a entender qué hacer. La iglesia necesita proveer las soluciones de Dios, no solo diagnosticar los problemas (que es lo que el mundo más hace). Se supone que nosotros debemos ser gente que soluciona, no gente que da problemas.

A nivel personal, uno necesita la sabiduría de Dios para ayudarle a superar todos los altibajos de la vida cotidiana. También necesita el espíritu de sabiduría para ayudarle a saber qué hacer cuando recibe una palabra o impresión profética. ¿Debería usted solamente interceder por ello? ¿O se supone que debe hablar? Si es así, ¿a quién? ¿De qué forma? ¿Cuánto tiempo debería "meditarlo"?

El hecho es que ¡uno no puede tener nunca demasiada sabiduría!

SABIDURÍA QUE RESUELVE CONFLICTOS

La Escritura está llena de ejemplos del don de sabiduría en acción. Leamos con una mirada nueva una de las muestras más famosas de una verdadera sabiduría: la decisión de Salomón sobre la disputa por un bebé. (Véase 1 Reyes 3:16–28). Previamente, Salomón le había pedido a Dios que le diera sabiduría y conocimiento para reinar bien sobre los israelitas, lo cual Dios le concedió. (Véase 2 Crónicas 1:8–12). Ahora, estaba ante un desafío real para arbitrar la disputa. Dos mujeres (prostitutas, de hecho) que compartían casa habían dado recientemente a luz a sendos bebés varones con un día de separación entre ambas. Una se había girado en su lecho sobre su bebé mientras dormía una noche y accidentalmente le ahogó. Cuando descubrió ese horrible hecho en medio de la noche, se levantó y sigilosamente cambió su bebé muerto por el vivo que estaba durmiendo junto a su madre. Ella estaba decidida a tener un hijo vivo.

La segunda mujer era la que llevó este caso a Salomón para encontrar un solución. Estoy seguro de que había muchas emociones delante del asiento del juez.

> *Y una de las mujeres dijo… Cuando me levanté al amanecer para dar el pecho a mi hijo, he aquí que estaba muerto; pero cuando lo observé con cuidado por la mañana, vi que no era mi hijo, el que yo había dado a luz. Entonces la otra mujer dijo: No, pues mi hijo es el que vive y tu hijo es el muerto. Pero la primera mujer dijo: No, tu hijo es el muerto y mi hijo es el que vive. Así hablaban ellas delante del rey… Y el rey dijo: Traedme una espada. Y trajeron una espada al rey. Entonces el rey dijo: Partid al niño vivo en dos, y dad la mitad a una y la otra mitad a la otra. Entonces la mujer de quien era el niño vivo habló al rey, pues estaba profundamente conmovida por su hijo, y dijo: Oh, mi señor, dale a ella el niño vivo, y de ninguna manera lo mates. Pero la otra decía: No será ni mío ni tuyo; partidlo. Entonces el rey respondió y dijo: Dad el niño vivo a la primera mujer, y de ninguna manera lo matéis. Ella es la madre. Cuando todo Israel oyó del juicio que el rey había pronunciado, temieron al rey, porque vieron que la sabiduría*

de Dios estaba en él para administrar justicia.
(1 Reyes 3:17, 21–22, 24–28)

Cuando Salomón dijo: *"Traedme una espada"*, ¿sonaba eso a una palabra de sabiduría? Posiblemente incluso Salomón no sabía aún lo que iba a hacer a continuación, si Dios no le había dicho aún qué hacer con la espada. *"Traedme una espada"* no era algo lógico que decir; ¡definitivamente fue algo transracional! Pero cuando él propuso partir al bebé en dos mitades, hizo que se manifestara la verdadera madre, porque a ella le importaba más que no mataran al pequeño que su reconocimiento como madre. La fría y dura respuesta de la falsa madre confirmó la decisión de Salomón. La palabra de sabiduría que dio resolvió un conflicto irresoluble y causó que toda la gente le respetase por ello. La justicia prevaleció.

Este don de resolución de conflictos es tan importante hoy como lo era en el pasado, y Dios sigue ofreciendo su sabiduría a los que le buscan.

SABIDURÍA QUE FRUSTRA EL ENGAÑO

Probablemente estará familiarizado con el incidente del Nuevo Testamento en el que los fariseos estaban intentando atrapar a Jesús, así que le preguntaron si era lícito o no pagar el odiado impuesto al César. Ellos pensaban que esta vez le tenían atrapado, porque sabían que no podía haber una respuesta perfecta a esa pregunta. Jesús percibió (discernió[5]) que intentaban atraparlo, y dio la siguiente respuesta cautelosa:

¿Por qué me ponéis a prueba, hipócritas? Mostradme la moneda que se usa para pagar ese impuesto. Y le trajeron un denario. Y El les dijo: ¿De quién es esta imagen y esta inscripción? Ellos le dijeron: Del César. Entonces El les dijo: Pues dad al César lo que es del César, y a Dios lo que es de Dios. Al oír

esto, se maravillaron; y dejándole, se fueron.

(Mateo 22:18–22)

Jesús no se rebajó al nivel de los fariseos; los enfrentó a una sabiduría que ellos no conocían que existía, una sabiduría de un plano superior, y se zafó de ellos con éxito, dejándolos perplejos con respecto a cómo lo había hecho.

SABIDURÍA QUE RESUELVE PROBLEMAS

Después de que Jesús ascendió al cielo, la iglesia recién nacida confió en el don de palabra de sabiduría una y otra vez. Nadie había hecho jamás lo que ellos estaban haciendo; no había precedente que ellos pudieran seguir. Así que hicieron lo mejor que podían hacer: confiar en el Espíritu para recibir dirección.

Así es como se "inventó" la función de los diáconos. Los líderes de la iglesia estaban llegando a su límite, ya que los apóstoles tenían que dividir su tiempo entre predicar y dirigir un "comedor social" para viudas necesitadas, y había más demandas porque los creyentes de trasfondos no judíos sentían que sus viudas no eran tratadas igual. La Escritura no dice: "Los apóstoles comenzaron a buscar voluntarios fuertes que tuvieran el don de ayuda/servicio". En cambio, sin duda alguna guiados por la sabiduría de lo alto, aconsejaron a la gente que buscara hombres que tuvieran el don de *sabiduría* y que pudieran ocuparse de la distribución de la comida para las viudas:

> *Entonces los doce convocaron a la congregación de los discípulos, y dijeron: No es conveniente que nosotros descuidemos la palabra de Dios para servir mesas. Por tanto, hermanos, escoged de entre vosotros siete hombres de buena reputación,* **llenos del Espíritu Santo y de sabiduría**, *a quienes podamos encargar esta tarea.* (Hechos 6:2–3)

Me parece fascinante que quisieran concretamente hombres de sabiduría de gran calibre para llevar a cabo tareas prácticas. Y encontraron a los hombres que necesitaban: *"Escogieron a Esteban, un hombre lleno de fe y del Espíritu Santo, y a Felipe, a Prócoro, a Nicanor, a Timón, a Parmenas y a Nicolás, un prosélito de Antioquía"* (Hechos 6:5).

CÓMO RECIBIR Y LIBERAR UNA PALABRA DE SABIDURÍA

Como escribí antes, cuando era joven viajé como ayudante con Mahesh Chavda. Un día, le pregunté: "Mahesh, veo que en tu ministerio ocurren muchos milagros. ¿Cuál es la clave para oír la voz del Espíritu?". Quería aprender este secreto. Él me dijo algo sencillo, pero no fácil: "Debes entender que cuanto más cerca estoy de Él, más suave se vuelve su voz".

En otras palabras, él "oía" a menudo la voz del Espíritu como una impresión divina, percibida en su corazón mediante la intuición espiritual, como un "golpecito" tranquilo. Así es como los primeros apóstoles fueron guiados, también, como vemos en los siguientes casos en la vida de Pablo:

> *Pasaron* [Pablo y los que viajaban con él] *por la región de Frigia y Galacia, habiendo sido impedidos por el Espíritu Santo de hablar la palabra en Asia, y cuando llegaron a Misia, intentaron ir a Bitinia, pero el Espíritu de Jesús no se lo permitió.* (Hechos 16:6–7)

> *Y ahora, he aquí que yo, atado en espíritu, voy a Jerusalén sin saber lo que allá me sucederá…* (Hechos 20:22)

En el primer pasaje, mire cómo Pablo y sus colaboradores se expresaron. Fueron *"impedidos por el Espíritu Santo,"* desviados del curso de acción que pretendían; *"el Espíritu de Jesús no [le] permitió"* entrar en Bitinia. En el segundo versículo, Pablo fue *"atado en espíritu"* en su camino a la persecución en Jerusalén. El Espíritu no dijo: "¡No pasarás!" desde el medio de un nubarrón. Su mano guía no era obvia, sino que tuvieron que aprender a ser sensibles a sus sutiles presiones como caballos obedientes bien entrenados que obedecen los tironcitos más ligeros de las riendas de sus amos.

Vemos también que no evitaron recibir advertencias. De hecho, aprendemos de estos versículos que el don de palabra de sabiduría a menudo sirve como un primer sistema de aviso para los que están caminando en intimidad con el Espíritu.

Yo he recibido redirección de esta forma más de una vez. En cada caso, viendo que me encontraba inquieto respecto a algún aspecto de mis planes, consulté al Espíritu. Él reveló lo justo para ayudarme a cambiar mis planes apropiadamente. Quizá iba a dirigirme a alguna trampa o una situación comprometida. Gracias al Espíritu, me sentí impedido de seguir con mis planes. Mi conciencia estaba inquieta hasta que cambié mis planes, y entonces recibí paz.

Muchas veces la sabiduría nos llegará de una forma un poco más directa, alguna palabra o versículo que nos habla directamente a nuestra situación; cobra vida, como si Dios nos estuviera hablando directamente a nosotros (lo cual hace). A esto se le llama una palabra "avivada" por el Señor. Un ejemplo de esto es cuando Pedro aconsejó a la iglesia primitiva sobre el reemplazo de Judas. Citó un par de salmos que tenían que ver con la situación entre manos. (Véase Hechos 1:15–26). Después, cuando Pedro había llevado a algunos gentiles a la fe, lo cual preocupó a los miembros de la iglesia que eran judíos incondicionales, Santiago citó al profeta Amós para defenderle. Lucas narró cómo dio lugar a una sabia decisión basado en la palabra de la Escritura:

> *Cuando terminaron de hablar, Jacobo respondió, diciendo: Escuchadme, hermanos. Simón ha relatado cómo Dios al principio tuvo a bien tomar de entre los gentiles un pueblo para su*

nombre. Y con esto concuerdan las palabras de los profetas, tal como está escrito: Después de esto volveré, y reedificare el tabernáculo de David que ha caído. Y reedificare sus ruinas, y lo levantare de nuevo, para que el resto de los hombres busque al Señor, y todos los gentiles que son llamados por mi nombre, dice el Señor, que hace saber todo esto desde tiempos antiguos. Por tanto, yo opino que no molestemos a los que de entre los gentiles se convierten a Dios.

(Hechos 15:13–19, citando Amós 9:11–12)

Por supuesto, los golpecitos internos y la guía bíblica no son las únicas formas en que el Espíritu Santo comparte la voluntad de Dios con su pueblo. A veces, Él envía un ángel, como hizo cuando Pablo estaba en el barco en la tormenta y parecía que se iba a hundir, un incidente que vimos brevemente en el capítulo previo. Pablo le dijo a la tripulación:

Amigos, debierais haberme hecho caso y no haber zarpado de Creta, evitando así este perjuicio y pérdida. Pero ahora os exhorto a tener buen ánimo, porque no habrá pérdida de vida entre vosotros, sino sólo del barco. Porque esta noche estuvo en mi presencia un ángel del Dios de quien soy y a quien sirvo, diciendo: "No temas, Pablo; has de comparecer ante el César; y he aquí, Dios te ha concedido todos los que navegan contigo".

(Hechos 27:21–24)

De forma similar, Dios a veces envía una palabra de sabiduría mediante una visión o un sueño (que es una visión recibida mientras se duerme). Así es como el Espíritu reafirmó a Pablo cuando estaba trabajando en Corinto: *"Y por medio de una visión durante la noche, el Señor dijo a Pablo: No temas, sigue hablando y no calles; porque yo estoy contigo, y nadie te atacará para hacerte daño, porque yo tengo mucho pueblo en esta ciudad"* (Hechos 18:9–10).

También recuerdo otro ejemplo bíblico; la vez en que el Espíritu dirigió a Pedro a ir a la casa del devoto centurión romano

Cornelio mediante una visión que Pedro recibió mientras tenía un trance. (Véase Hechos 10:1–23).

Sabiduría no es lo mismo que predicción, aunque sin lugar a dudas, Dios sabe lo que va a ocurrir. Cuando Él nos envía su sabiduría para una situación, nos está ayudando a dirigir nuestros pasos. Quiere que cooperemos con Él para extender su reino en la tierra; esta cooperación puede llegar a cada categoría del involucramiento humano, desde las decisiones personales de salud hasta alianzas de guerra internacionales. Por eso, el don de palabra de sabiduría a veces solo se puede ejercer colectivamente, como cuando los líderes discuten y trabajan juntos para llegar a una decisión por consenso. Ellos buscan juntos el consejo, lo cual es bueno, porque *"en la multitud de consejeros está la victoria"* (Proverbios 24:6, RVR-1960; véase también Proverbios 11:14, RVR-1960). Esto impide que las personas obstinadas se dirijan en dirección errónea y arrastren a otros con ellos. Vemos este método de búsqueda de sabiduría en los relatos de la iglesia primitiva, cuando *"los apóstoles y los ancianos se reunieron para considerar este asunto"* (Hechos 15:6). (Véase también Hechos 6:1–7; 15:1–31; 21:15–25).

Así, vemos que la sabiduría a veces tiene que ver con eventos y desarrollos futuros, pero no los presagia tanto como aporta visión, revelación, mandatos e instrucciones que surgen del conocimiento de Dios de esas circunstancias venideras.

EL CAMINO, LA VERDAD Y LA VIDA

Jesús es *"el camino, y la verdad, y la vida"* (Juan 14:6). Su vida es una demostración del camino de la sabiduría. El Espíritu de este Dios-Hombre ahora vive en cada cristiano; Jesús ha sido hecho por nosotros sabiduría de Dios (véase 1 Corintios 1:30 RVR-1960), y *"tenemos la mente de Cristo"* (1 Corintios 2:16).

De nuevo, esta impartición interior de sabiduría puede resolver problemas individuales, de iglesia y nacionales. Cualquier situación compleja se puede desenredar mediante el espíritu de sabiduría. La verdadera sabiduría muestra el camino. Produce convicción, abre corazones, abre puertas, unanimidad, progreso, justicia y cualquier otra cosa que se necesite en tiempos difíciles.

Para sintonizar con el vasto suministro de sabiduría, lo único que tiene que hacer es esperar en quietud. Adorar, confiar, asimilar. Saturarse con el espíritu de revelación y sabiduría. Sumérjase en la sabiduría de la Palabra escrita y aproveche cualquier oportunidad de sentarse a los pies de los que son más sabios que usted.

Cuando alguno de nosotros pide sabiduría de arriba, debe esperar recibirla. (Véase Santiago 1:5–8). Este espíritu de sabiduría está disponible para todos nosotros mediante Cristo, según Isaías 11:1–4. Además, los que han recibido el don regularmente de palabra de sabiduría podrán cultivar un fluir sobrenatural continuo de entendimiento divino que puede ser de gran beneficio para el cuerpo de Cristo y el mundo en general. Siguiendo con esto, ahora mismo en mi propio estudio y contemplación, estoy orando para entender un asunto relacionado que estoy llamando "inteligencia divina". Daniel caminó en ello, y yo estoy convencido de que Dios quiere poner este nivel de visión divina en la vida de muchas personas mediante su Espíritu de sabiduría. Hoy día, líderes como Ed Silvoso y Lance Wallnau y muchos otros son pioneros de aplicaciones frescas de este don, como la transformación social. Del suministro inagotable de Dios, que no está en apuros de ningún modo ni fuera de alcance, podemos pedir y recibir sabiduría de arriba y liberarla a los que la necesitan, durante el resto de nuestra vida.

Usted puede aplicarse la oración de Pablo por los efesios tanto para usted como para cualquiera por el que esté orando:

Pido que el Dios de nuestro Señor Jesucristo, el Padre glorioso, les dé el Espíritu de sabiduría y de revelación, para que lo conozcan mejor. Pido también que les sean iluminados los ojos del corazón para que sepan a qué esperanza él los ha llamado, cuál es la riqueza de su gloriosa herencia entre los santos, y cuán incomparable es la grandeza de su poder a favor de los que creemos. (Efesios 1:17–19, NVI)

⌒

Padre santo, te pido con valentía que el espíritu de sabiduría y revelación opere en mi vida. Necesito un aumento del don de palabra de sabiduría para poder resolver problemas complejos con una palabra sencilla. Concédeme tu inteligencia divina. Dame la mente de Cristo al dar la bienvenida a la liberación de tu sabiduría en mi vida y ministerio, por Jesucristo. De nuevo, digo, amén.

6

EL DON DE PALABRA DE CONOCIMIENTO

"Quiero que lo sepan para que cobren ánimo, permanezcan unidos por amor, y tengan toda la riqueza que proviene de la convicción y del entendimiento. Así conocerán el misterio de Dios, es decir, a Cristo, en quien están escondidos todos los tesoros de la sabiduría y del conocimiento".
—Colosenses 2:2–3 (NVI)

Imagínese que sale por su puerta y se encuentra con los rayos del sol después de una gran tormenta. ¡Vaya, mire ese precioso arcoíris en el cielo oscuro! Es el más grande y brillante que ha visto jamás. Usted alcanza su teléfono y graba un video corto para compartirlo con su familia y amigos. Después, usted comienza a mirarlo en la pantalla. Usted realmente nunca estudió un arcoíris antes. Se da cuenta de que no tiene unas líneas clara de demarcación entre los colores. Puede ver rojo-naranja-amarillo-verde-azul-añil-violeta, y el espectro es hermoso, pero las líneas de los colores se mezclan y son borrosas; nuevos colores se crearon y cambiaron de tono incluso mientras usted lo recorría con su vista de un lado al otro.

Usted pensaba que solo estaba tomando un video de un arcoíris, pero estaba haciendo algo más que eso; estaba grabando una agradable analogía de los dones del Espíritu, que se mezclan como los colores del arcoíris. Muy a menudo, no podemos discernir dónde termina un don y dónde empieza el otro. ¡También es algo bueno! Esta mezcla es exactamente lo que necesitamos. Por ejemplo, un don de discernimiento de espíritus puede capacitar a alguien para señalar un espíritu inmundo, pero usted o alguien más puede tener el don de fe para echarlo fuera. Y el don de sabiduría, acerca del cual usted acaba de terminar de leer en el capítulo anterior, se solapa tan a menudo y se mezcla con el don revelacional de palabra de conocimiento que puede ser difícil distinguir una línea divisoria entre ellos.

El Espíritu de Dios suple a su pueblo con los dones necesarios, aunque la mayoría no reconocemos la riqueza de recursos que tenemos para trabajar. Su poder no está limitado por definiciones artificiales, incluyendo nuestras interpretaciones de su Palabra escrita. Su rango es más amplio, y más grande, y más brillante y más hermoso que lo que pueda revelar cualquier "analizador de espectros".

Aún así, cada uno de los dones en el arcoíris de Dios mantiene su propio matiz distintivo. Ahora exploremos el don de palabra de conocimiento para saber cómo es.

DEFINIR EL DON DE PALABRA DE CONOCIMIENTO

No hay forma de que ningún ser humano, ni siquiera la persona más sabia del mundo, pueda saberlo todo. Pero Dios sí lo sabe.

Él es omnisciente, sabe todas las cosas, incluso los secretos más profundos. Y mediante el don de palabra de conocimiento, Él comparte partes de su conocimiento con sus hijos e hijas. Así que podemos decir que una palabra de conocimiento "tiene que ver con la *información*" (comparado con una palabra de sabiduría, que "tiene que ver con la instrucción").[1]

La iglesia ha entendido este don al menos en dos formas distintivas, ilustradas por la siguiente cita del maestro apostólico Peter Wagner:

> El don de conocimiento es la capacidad especial que da Dios a ciertos miembros del Cuerpo de Cristo para descubrir, acumular, analizar y clarificar información e ideas que tienen que ver con el crecimiento y el bienestar del Cuerpo...
>
> *Nota:* Pentecostales y carismáticos a menudo usan el término "palabra de conocimiento", que es información que da Dios por revelación para una cierta situación [incluyendo detalles sobre la vida de una persona]. Mi interpretación de la "palabra de conocimiento" carismática es que un don así es en realidad un subconjunto del don de profecía, no del don de conocimiento. Un erudito, por el contrario, sería alguien que tiene el don de conocimiento.[2]

Lo de arriba encaja bien con la analogía del arcoíris. Sin embargo, a pesar de qué tipo de conocimiento sea, el hecho de que la palabra de conocimiento sea un don espiritual señala el hecho de que este conocimiento se obtiene sobrenaturalmente. "No llega mediante el razonamiento natural, la educación o el entrenamiento, sino directamente mediante el Espíritu Santo".[3] Por ejemplo, la fuerza de voluntad de una persona nunca podrá conseguir una palabra de conocimiento para proclamarla; cada palabra solo se puede comunicar por la soberana decisión de Dios.

En este capítulo prefiero seguir el enfoque pentecostal/carismático/tercera ola del don de palabra de conocimiento. Mirándolo de esta forma, la palabra de conocimiento es el don que se usa para "llamar" a alguien para ministrar aún más en una reunión en la que los dones espirituales están activos. La revelación de los detalles sobre una persona que de otro modo no podría saber el orador, como el nombre de una persona, las circunstancias físicas y necesidades ocultas, aporta una prueba convincente de que Dios quiere bendecir a esa persona más allá de sus expectativas limitadas. Esta palabra es "una proclamación inspirada por Dios y expresada por una persona. Es una visión de las cosas que nos han sido dadas gratuitamente por Dios. Comparte la verdad de que el Espíritu desea ser declarado con respecto a una ocasión, persona o cosa específica".[4] Es la "revelación sobrenatural de hechos acerca de una persona o situación, la cual no se aprende mediante los esfuerzos de la mente natural, sino que es un fragmento de conocimiento dado gratuitamente por Dios, mostrando la verdad que el Espíritu desea dar a conocer con respecto a una persona o situación en particular".[5]

CREAR UNA ATMÓSFERA DE FE

El don de palabra de conocimiento tiene mucho que ver con la cultura de lo sobrenatural en un entorno de iglesia, y se solapa con los dones de sanidades y hacer milagros, ayudando a crear una atmósfera de fe. No es que una palabra de conocimiento necesariamente sane, sino que libera la confianza en las personas de que Dios conoce los detalles de su situación y que les ama. La fe aumenta, y la atmósfera se impregna de expectación; la gente siente que puede suceder casi cualquier cosa.

No todas las palabras de conocimiento culminan con una sanidad o milagro. A veces, la gente no responde. Quizá es necesaria más información, o quizá el temor aplasta la fe. O, como en el caso de abajo, a veces no vemos la sanidad o el milagro porque la persona responde secretamente, sin decírselo a nadie.

Estaba ministrando en Bangkok, Tailandia, y había visto un destacado cumplimiento de una profecía el día anterior tras recibir una palabra de conocimiento para una mujer de la audiencia. Pero este día era bastante distinto. Así es como conté la historia en el primer capítulo del libro *Adventures in the Prophetic* [Aventuras en lo Profético]:

> La atmósfera general del lugar estaba cargada de expectación. Estas personas habían visto la otra profecía y ahora pensaban que yo llamaría a alguien por nombre, fecha de nacimiento y número de la seguridad social... [Pero esta vez], yo no tenía mucho que decir.
>
> De hecho, solo había una cosa dando vueltas en mi mente. Finalmente lo dije en voz alta: "Hay un chico de diecisiete años, hijo de alguien que está aquí, y se ha apartado del Señor y ha caído en las drogas. Esta noche se va a entregar al Señor".
>
> No ocurrió nada. Todos me miraban pero nadie respondía. [Regresé a la predicación, pero la palabra insistente me hizo parar dos veces más en espera de que alguien respondiera]...
>
> Tras terminar la reunión, yo debía abandonar el auditorio y regresar a la cama de mi hotel porque tenía que volver a enseñar al día siguiente. Pero por alguna razón no pude irme. Esa misma palabra estaba *aún* dando vueltas en mi cansada mente, una y otra vez. Finalmente, casi todo el mundo se había ido. Un joven de mantenimiento entró en el auditorio para retirar las sillas. Comencé a hablar con él, porque hablaba inglés.
>
> Resulta que tenía diecisiete años; estaba metido en drogas, y se había apartado del Señor, y volvió a dedicar su

vida a Jesús esa noche. Había estado allí, de pie al fondo del auditorio escuchando en la reunión, y sabía que esa palabra era para él, pero no quiso decirlo en público.[6]

PROPÓSITOS DEL DON DE PALABRA DE CONOCIMIENTO

Producir convicción

En el caso anterior, la palabra de conocimiento penetró en el corazón del joven de mantenimiento en Tailandia y lo llevó a una convicción y conversión. De igual modo, cuando Jesús se encontró con la mujer samaritana en el pozo, Él la confrontó con una palabra de conocimiento que les llevó tanto a ella como a muchos de sus vecinos al punto de la convicción. Sabiendo ya que no tenía marido, Jesús le dijo: *"Ve a llamar a tu esposo, y vuelve acá"* (Juan 4:16, NVI), y la mujer respondió: *"No tengo esposo"* (versículo 17, NVI). Después Jesús detalló su palabra de conocimiento: *"Bien has dicho que no tienes esposo. Es cierto que has tenido cinco, y el que ahora tienes no es tu esposo. En esto has dicho la verdad"* (versículos 17-18, NVI).

Enseguida, *"muchos de los samaritanos que vivían en aquel pueblo creyeron en él por el testimonio que daba la mujer: 'Me dijo todo lo que he hecho.' Así que cuando los samaritanos fueron a su encuentro le insistieron en que se quedara con ellos. Jesús permaneció allí dos días"* (Juan 4:39-40, NVI). De hecho, Jesús no tuvo que decirle "todo" lo que ella había hecho en su vida, ¿cierto? Pero esto demuestra el poder sobrenatural de una revelación como esta, porque revelando solo una pequeña parte de la verdad acerca de su vida, la palabra produjo convicción y convencimiento a la mujer pecadora. Ella supo de cierto que había estado en contacto con el Dios que todo lo sabe, y quiso rendirse a Él. (Para leer toda la historia, véase Juan 4:4-40).

Preparar a la gente para un acontecimiento futuro

Además de convicción, otro propósito de la palabra de conocimiento es la preparación: ayudar a que alguien se prepare para un acontecimiento futuro. Esto parece ocurrir más a menudo a medida que caminamos más cerca del Señor. Por ejemplo, hacia el final de su vida, Pablo dijo: *"Y ahora tengan en cuenta que voy a Jerusalén obligado por el Espíritu, sin saber lo que allí me espera. Lo único que sé es que en todas las ciudades el Espíritu Santo me asegura que me esperan prisiones y sufrimientos"* (Hechos 20:22–23, NVI).

Pablo no estaba preocupado por el reiterado aviso del Espíritu. Incluso cuando recibió la confirmación y demás advertencias del profeta Agabo, siguió con determinación su camino hacia Jerusalén. (Véase Hechos 21:10–15). La palabra de conocimiento preparó su corazón y le dio valor. A veces, una palabra de conocimiento nos libra de una situación difícil, y a veces crea fe. Otras veces nos prepara para el costo de lo que está por venir; esta es la misericordia de Dios.

CÓMO RECIBIR Y LIBERAR UNA PALABRA DE CONOCIMIENTO

La mayoría de las veces, una palabra de conocimiento nos llega mediante una callada impresión o sentimiento. Podríamos llamarlo "oír intencionalmente", o "tener una corazonada". Usted sencillamente "sabe que es así", pero no sabe cómo lo sabe. Dependiendo de lo que indique el Espíritu Santo, quizá comparta esta sensación con otros, o quizá no.

Tal conocimiento interior puede ser confirmado por un versículo que "resalta" de las Escrituras, como ocurre con las otras clases de sentidos del Espíritu. Y a veces, especialmente si la palabra de conocimiento tiene que ver con sanidad, quizá reciba "señales" de empatía en su propio cuerpo, físicas o emocionales, como un ostensible dolor que no tenía antes o un sentimiento de opresión.

Recibir una palabra de conocimiento es muy similar a recibir una palabra profética: puede ser mediante una visión o un sueño, puede llegar como una voz audible, o puede venir mediante una visitación angelical.

Una de las expresiones más comunes de este don es lo que yo llamaría el "espíritu de consejo". Un depósito de una palabra de conocimiento se da cuando está escribiendo una carta, dando consejería u orando por alguien. La palabra se recibe primero y después se comparte mediante la instigación del Espíritu Santo, y proporciona una buena ayuda para el receptor. En tales casos, usted puede ver lo estrechamente aliado que está con el don de palabra de sabiduría.

Conrad de Allahabad

Me encontraba en Londres, como parte de la Cumbre de Oración de Londres, y hablé sobre el tema de "Guardas de su presencia". Mientras hablaba desde el estrado, miré hacia uno de los lados y sentí una especie de atracción magnética hacia un hombre con la piel morena, cabello oscuro y ojos negros que estaba sentado en una sección un tanto distante, aunque en un asiento cerca del frente. Palabras o sílabas extrañas flotaban por mi mente, y podía leer las sílabas. Parecía no tener sentido, era casi como el dicho de Pedro Picapiedra: "Yaba-daba-du", pero persistía.

Enseguida, las sílabas formaron la palabra "Al-la-ha-bad". Cada vez que miraba en dirección a ese hombre, veía estas sílabas en mi mente. Trataba de esforzarme por exponer mi mensaje, y eso era una distracción. Este tirón magnético atraía mi atención, y después las sílabas pasaban por mi mente. Pensé que quizá sería un mensaje en lenguas.

Finalmente, me cansé de luchar contra ello. Me acerqué a esa sección y me quedé allí de pie mirando a aquel hombre. Tan solo abrí mi boca y dije: "Con Rod de Allahabad… Usted ha venido del río Ganges de India, y ha gastado todo el dinero que tenía para venir aquí a obtener el espíritu de oración porque quiere llevarlo de vuelta a un lugar de peregrinaje donde los hindúes van y se lavan ceremonialmente cada año en el río Ganges". Oré por él, y él "salió" en el Espíritu.

Entonces volví y terminé mi mensaje. El hombre estaba aún tirado en el suelo junto a su asiento cuando me fui. Resulta que estuvo así durante seis horas seguidas.

A la mañana siguiente, estaba yo en el vestíbulo del hotel cuando un hombre se acercó a mí y dijo: "¿Cómo supo mi nombre?".

"No lo sé", respondí.

"Sí, lo sabe", replicó él.

"No, no lo sé".

Estuvimos diciendo sí y no un rato. Finalmente él dijo: "Sí, usted sabe mi nombre, porque lo dijo en voz alta ayer en la reunión. Es Conrad". Él pronunció su nombre con su típico acento británico/indio, y sonaba como Con Rod", no como yo normalmente lo hubiera pronunciado con mi acento americano del sur. Y él era de Allahabad, India. El resto de la información también era cierta. Él había recibido milagrosamente de Dios precisamente aquello por lo que había venido, mediante la oración basada en una palabra de conocimiento.

Daniel de Schenectady, y doce Elisabeth

En otra ocasión, estaba ministrando en Long Island, y el Espíritu Santo me dio el nombre de "Daniel" y también "Schenectady". Yo no sabía dónde se encontraba Schenectady, Nueva York, y no estaba seguro de cómo se pronunciaba. El Espíritu me dijo: *Sí, hay un Daniel aquí esta noche que es de Schenectady. Y habrá doce Elisabeth aquí esta noche.*

De acuerdo, dije en silencio, y después hablé en el micrófono, diciendo: "¿Dónde está Daniel?".

Daniel, por supuesto, es un nombre bastante común. Podía haber habido diez personas con el nombre de Daniel en ese gran lugar. Solo se levantó un Daniel. "Señor, usted es de Schenectady, Nueva York" (y lo dije correctamente). La presencia de Dios cayó sobre él, y el Espíritu comenzó a obrar en su cuerpo y su corazón.

Después pasé a las Elisabeth. "Esta noche hay aquí doce Elisabeth, y [el Espíritu puso esto en mi mente en ese momento] Dios quiere sanarles a todas ustedes del mismo dolor". Doce mujeres llamadas Elisabeth pasaron al frente, todas ellas con la misma necesidad de sanidad, y todas recibieron un toque especial del Señor. La palabra sencilla pero específica de conocimiento condujo directamente a una fe sanadora.

CÓMO OPERAR EN EL DON DE PALABRA DE CONOCIMIENTO

Cuando una palabra de conocimiento es certera, es algo maravilloso. Pero si se dice algo que no es una palabra de conocimiento, puede ser embarazoso, cuanto menos, si no directamente dañino para la gente. Si siente que Dios quiere que usted use este don, es importante prestar atención al siguiente consejo importante.

Como ocurre con el don de profecía, la mejor forma de crecer y desarrollar un registro fidedigno es someter sus palabras al discernimiento de alguien en autoridad sobre usted. Esta persona puede ayudarle a confirmar, refutar o sintonizar bien las palabras. Yo hice esto durante mucho tiempo cuando era un profeta principiante, y fue vital para mi curva de aprendizaje. Siempre que recibía una palabra, una visión o un sueño, escribía todo lo relacionado con esa experiencia antes de decirlo en el lugar donde iría. Destacaba ciertas partes de mi relato y decía: "Esto es simplemente una impresión", o "Esto tenía una presencia de Dios muy intensa", y después sometía el relato escrito para revisión. Muchas de esas palabras nunca llegaron a decirse a nadie, porque a veces "se me había pasado" y otras veces otra persona decía la palabra antes que yo. (Dios hace eso). Todo eso fue una práctica excelente para pulir mi capacidad de interpretar lo que recibía, y para darme un sentimiento de cómo y cuándo dar una palabra. Lo consideraba una parte importante de mi entrenamiento "práctico".

Recuerde que una palabra de conocimiento no necesariamente está completa en sí misma. Necesitará usted sabiduría (recibida directamente de Dios o a través del consejo de otro) para saber qué hacer. Es muy importante respetar a los otros miembros del cuerpo que le rodean. Todos necesitamos caminar unos con otros y construir una historia juntos. Ninguna persona debería ser una estrella.

No hable demasiado. Hablar demasiado casi siempre proviene de la inseguridad. Haga una prioridad del encontrar su seguridad en el amor de Dios, no en la adulación humana. Al mismo tiempo, no tenga miedo de hablar. Láncese en fe, porque esa es la única forma de aprender cómo funciona. Sea tenaz en cuanto a crecer en sus dones. *"Esfuércense"*, como dijo Pedro:

> *Precisamente por eso, esfuércense por añadir a su fe, virtud; a su virtud, entendimiento; al entendimiento, dominio propio; al dominio propio, constancia; a la constancia, devoción a Dios; a la devoción a Dios, afecto fraternal; y al afecto fraternal, amor. Porque estas cualidades, si abundan en ustedes, les harán crecer en el conocimiento de nuestro Señor Jesucristo, y evitarán que sean inútiles e improductivos.*
>
> (2 Pedro 1:5–8, NVI)

Usar sus dones es parte de crecer en santidad, y crecer en santidad mejora su uso de los dones de Dios. Aprenda de sus errores y madure en todas las cosas que tienen que ver con Cristo Jesús. Haga lo que haga, ¡nunca se rinda! La práctica le *llevará* a la madurez.

Incluso si nunca se da una palabra de conocimiento, puede informar para la oración intercesora. Como siempre, la humildad es importante. Quizá nunca tenga el honor de hablar dando una palabra de conocimiento o profecía, pero esa no es la clase de honra que debería desear. *La honra reside en que Dios confíe en usted.* Las esferas de influencia de los creyentes y su eficacia nunca serán idénticas. Su esfera especial quizá sea una congregación en particular, su cafetería favorita, su lugar de trabajo o su familia. Tan solo sea fiel al Señor y a cualquier palabra que Dios le dé, dondequiera que se la dé, y Dios recompensará su fidelidad con verdaderas riquezas espirituales.

En el otoño de 2014 el Espíritu Santo me dio un sueño sobre el día de Expiación. En el sueño, oí: "Las semillas de los videntes y profetas de hace una generación ahora dan fruto y madurarán. Por lo tanto, liberaré de nuevo la palabra de conocimiento detallada, creando una atmósfera de temor del Señor, asombro y maravilla". Junto con esa palabra del Señor, recibí dos sueños esa misma noche respecto a un líder de la "próxima generación" en California llamado Shawn Bolz. Conocía a Shawn, ya que había sido uno de mis alumnos en Kansas City cuando tenía solo veinte años. ¡Ahora habían pasado veinte años! En estos dos sueños, vi un foco de luz del Espíritu Santo descansando sobre él y apartándolo como precursor para su generación, operando en un don de palabra de conocimiento cada vez más detallado. En el sueño, yo imponía manos sobre él, reconociendo esto; parecía ser parte de una reunión para enviarlo. ¡Bueno, el sueño se ha hecho realidad! El siguiente enero, en la conferencia profética Harvest International en Pasadena, California, yo participé en la reunión para enviar a Shawn a su esfera. Hoy, él se está moviendo de una forma coherente, revelando detalles precisos sobre las vidas de personas, como fechas de nacimiento, nombres, direcciones y mucho más, cuando les ministra.

El don de palabra de conocimiento no es solo para unos pocos y especiales. Usted y yo podemos esperar regularmente que nos lleguen palabras de conocimiento en nuestra vida cotidiana. Qué gentileza del Espíritu al darnos destellos de su entendimiento global. Que aprendamos a detectar palabras de conocimiento para que podamos usarlas apropiadamente, y así poder dar gracias al Dador del don. ¡Que el don de la palabra de conocimiento aumente entre nosotros!

Padre bueno, tenemos el honor de ser llamados tus hijos e hijas en estos tiempos difíciles en que vivimos. Necesitamos tu ayuda. Así que te pido un aumento del don de palabra de conocimiento, junto con tu sabiduría. Tú has prometido que habría un aumento del don detallado de palabra de conocimiento en este día y era. Me posiciono para estar entre los que reciben y liberan palabras de conocimiento para ánimo, sanidad, milagros, señales y prodigios. ¡Todo es para tu gloria! Espero recibir de ti ahora mismo. En el nombre de Jesús, amén.

SECCIÓN 3

DONES DE PODER: LOS DONES QUE HACEN

La sección tres trata acerca de los dones que "hacen", lo que podríamos llamar dones de poder sobrenatural. Comenzamos en el capítulo 7 con el don de fe. Enfatizo que este don no es *nuestra* fe, es una impartición de una porción de la fe *de Dios*. Por eso lleva con él tal confianza y autoridad. El don espiritual de fe es como la fe con un cohete acelerador. Es una explosión de confianza sobrenatural que hace posible que una persona ore o declare la voluntad de Dios y, por lo tanto, se haga.

El don de fe capacita a un creyente para que pueda hablar palabras transformadoras a una persona, un objeto o una situación, o a Dios a favor de una persona, objeto o situación. La "explosión de fe" lleva con ella el método de ejecución apropiado.

En el capítulo 8 desarrollo los dones de sanidades. Hay muchas necesidades de sanidad, y muchas formas distintas de tratarlas. La gente no solo necesita sanidad física para todos los tipos de achaques y minusvalías, sino que también necesita sanidad psicológica, emocional y espiritual.

A veces la sanidad se produce gradualmente, otras veces de forma instantánea. En este capítulo intento demostrar cómo opera la sanidad y la variedad de formas en que la sanidad puede llegar a la persona en necesidad. También enfatizo que, en lo tocante a la sanidad, necesitamos estar seguros de estar en consonancia con el tiempo de Dios. Finalmente, animo a los que quieren fervientemente poder recibir y liberar los dones de sanidad a que se pongan bajo el ministerio de algún otro héroe actual de la fe.

En el capítulo 9 exploramos el hacer milagros. Las sanidades a veces pueden ser espectaculares, pero los milagros siempre son más impresionantes. Una razón de ello es que los milagros parecen desafiar las leyes de la naturaleza. Las sanidades se pueden producir de forma natural en algunos casos, y la sanidad divina tan solo los acelera. Pero los milagros siempre van más allá de lo natural. Como continúo enfatizando durante todo el libro, estos dones extraordinarios los da el Espíritu y nunca son el resultado de nuestra capacidad humana. Me gusta cómo lo dice Dick Iverson: el don es "la capacidad dada por Dios de cooperar con Dios cuando Él hace milagros".

Al final de este capítulo enfatizo que el propósito de Dios para hacer milagros, y todos los dones, es edificar su reino. Para este fin, Él edifica a la gente que forma parte de su reino, y exalta su gloria a través de obras milagrosas para que más personas lleguen a creer en Él y le sigan.

7

EL DON DE FE

"Después los discípulos se acercaron a Jesús y, en privado, le preguntaron: —¿Por qué nosotros no pudimos expulsarlo? —Porque ustedes tienen tan poca fe —les respondió—. Les aseguro que si tienen fe tan pequeña como un grano de mostaza, podrán decirle a esta montaña: "Trasládate de aquí para allá", y se trasladará. Para ustedes nada será imposible".
—Mateo 17:19–21 (NVI)

Necesitamos el don de fe para ser totalmente operativos en la iglesia y en nuestra vida hoy y cada día. La fe *es*. La fe no es algo de ayer o ni siquiera un tiempo en el futuro. Para recibir y liberar este precioso bien llamado don de fe, usted tiene que estar viviendo en tiempo presente, en el "ahora".

"*Revestíos con toda la armadura de Dios*" (Efesios 6:11), escribió Pablo a los miembros de la iglesia en Éfeso. Su consejo sirve para cada miembro del cuerpo de Cristo; eso significa que cada uno debe llevar todas las partes de la armadura espiritual cada día. (Véase Efesios 6:14–18). Como parte importante de la armadura completa, los cristianos bien equipados llevan un "*escudo de la fe*" (versículo 16). Sin el escudo de la fe, nos convertimos en pérdidas en el campo de batalla. Con él, podemos apagar los dardos de fuego del maligno, así como ayudar a cubrir a nuestros compañeros soldados. Pero debemos levantarlo y usarlo. Debemos ejercitar nuestra medida de fe, *fielmente* (en los dos sentidos de la palabra). De nuevo, Judas nos exhortó: "*Pero vosotros, amados, edificándoos en vuestra santísima fe*" (Judas 1:20).

El punto de inicio es la fe básica de la que cada creyente debe revestirse diariamente. Lo llamamos nuestra "*medida de fe*" (Romanos 12:3; véase también Romanos 14:1–2; Efesios 4:12–13). Cuando nuestra medida de fe se ejercita fielmente, crece y da un fruto abundante. Quizá al principio sea muy pequeña, pero puede conseguir grandes cosas. Jesús dijo: "*Les aseguro que si tienen fe tan pequeña como un grano de mostaza, podrán decirle a esta montaña: 'Trasládate de aquí para allá', y se trasladará. Para ustedes nada será imposible*".

Pero los "músculos de su fe" nunca se desarrollarán si no usa su escudo. Si tiene una fe de espectador, le gusta ver cómo *otros* ejercitan su fe, entonces se convertirá en un cristiano vago. Usted ha nacido de nuevo con el mismo conjunto básico de músculos que cualquier otra persona, pero si no ejercita sus músculos, se volverá débil en vez de fuerte. En el campo de batalla espiritual, lo mucho que ejercite su fe determinará lo grandes que son sus "armas".

Si verdaderamente está "lleno de fe", será lleno de dos tipos de fe: fe en la capacidad de Dios para hacer cosas asombrosas, y fidelidad, como en dependencia. El último tipo es un rasgo del carácter, un atributo de una persona de lealtad de pacto, cuya palabra es ley. *"Mas el fruto del Espíritu es... fidelidad"* (Gálatas 5:22).

Ambos tipos de fe básica deberían crecer constantemente con el paso del tiempo, pero eso solo puede ocurrir con el uso regular. La fe de cada persona funciona, y crece, a través del amor. *"Porque en Cristo Jesús ni la circuncisión ni la incircuncisión significan nada, sino la fe que obra por amor"* (Gálatas 5:6). ¿No es maravilloso cómo todo el fruto y los atributos de Dios y sus dones operan juntos? ¡Amo a Dios y sus caminos!

DEFINIR EL DON DE FE

A veces puede ser difícil diferenciar el don espiritual de fe de la medida de fe que es común a cada creyente (sin la cual no podríamos ni siquiera acudir a la fe salvífica). El difunto Kenneth Hagin, el padre del movimiento Word of Faith [Palabra de Fe] dijo que el don de fe es "una fe especial". Es distinta de la fe salvífica; además, está separada de la fidelidad como fruto del Espíritu. Él escribió: "El don de fe es un don del Espíritu para el creyente a fin de que pueda *recibir* milagros... Los que operan en la fe especial, la fe del Espíritu, pueden creer a Dios de tal forma que *Dios* honra la palabra de ellos como si fuera suya, y hace que suceda milagrosamente el resultado deseado".[1]

Además, Dick Iverson explica el don de esta forma:

> El don de fe es la capacidad dada por Dios para creer que Él hará lo imposible en una situación concreta. No es tanto la fe general que cree que Dios da la provisión, sino que va un paso más adelante, donde uno *sencillamente sabe* que algo en particular es la voluntad de Dios y que va a ocurrir.[2]

El don espiritual de fe es como la fe con un cohete acelerador. Es una explosión de confianza sobrenatural que hace posible que una persona ore o declare la voluntad de Dios y efectúe así bendiciones milagrosas o maldición y destrucción.³ (Preferiríamos pensar solo en las bendiciones y milagros creativos, pero recuerde que el poder de la fe también puede echar montañas al mar o secar higueras en cuestión de horas; véase Marcos 11:12–14, 20–24).

El don espiritual de fe no es *su* fe, es una impartición de una porción de la fe *de Dios*. Por eso conlleva tal confianza y autoridad, como vemos en este pasaje:

> *Y Jesús respondió, diciéndoles: Tened fe en Dios. En verdad os digo que cualquiera que diga a este monte: "Quítate y arrójate al mar", y no dude en su corazón, sino crea que lo que dice va a suceder, le será concedido.* (Marcos 11:22–23)

Permítame añadir un punto más: hemos recibido una enorme clave para movernos en esta asombrosa dimensión del don de fe: el perdón. El perdón es esencial para que se desarrolle cualquier tipo de fe, incluida la fe que se imparte como un don. Sabemos esto porque casi inmediatamente después de que Jesús enseñara sobre tener fe suficiente para que una montaña fuera echada al océano, dijo: "*Y cuando estéis orando, perdonad si tenéis algo contra alguien, para que también vuestro Padre que está en los cielos os perdone vuestras transgresiones*" (Marcos 11:25). El fluir de fe será interrumpido por la dureza de corazón, pero el perdón puede retirar los bloqueos que sufre la fe. Perdonar de corazón abre la puerta en ambas direcciones, para recibir y para liberar los dones del Espíritu Santo. ¡Puede ver así que no podemos pasar por alto la importancia del perdón!

EL DON DE FE EN ACCIÓN

Pedro ejercitó un don de fe cuando él y Juan se encontraron con el cojo que mendigaba en la puerta del templo llamada la Hermosa:

> Y cierto día Pedro y Juan subían al templo a la hora novena, la de la oración. Y había un hombre, cojo desde su nacimiento, al que llevaban y ponían diariamente a la puerta del templo llamada la Hermosa, para que pidiera limosna a los que entraban al templo. Este, viendo a Pedro y a Juan que iban a entrar al templo, les pedía limosna. Entonces Pedro, junto con Juan, fijando su vista en él, le dijo: ¡Míranos! Y él los miró atentamente, esperando recibir algo de ellos. Pero Pedro dijo: No tengo plata ni oro, mas lo que tengo, te doy: en el nombre de Jesucristo el Nazareno, ¡anda! Y asiéndolo de la mano derecha, lo levantó; al instante sus pies y tobillos cobraron fuerza, y de un salto se puso en pie y andaba. Entró al templo con ellos caminando, saltando y alabando a Dios. Todo el pueblo lo vio andar y alabar a Dios, y reconocieron que era el mismo que se sentaba a la puerta del templo, la Hermosa, a pedir limosna, y se llenaron de asombro y admiración por lo que le había sucedido. (Hechos 3:1–10)

En cuanto Pedro vio al cojo, supo que el hombre sería sanado. Proclamó su sanidad con una fe inquebrantable y firme, y después lo tomó de la mano para ponerlo de pie. Primero tuvo que apartar la atención del hombre de mendigar y del dinero. "¡*Míranos!*", le dijo. Pedro clavó sus ojos en el hombre, y hubo un intercambio de corazón a corazón a través de sus ojos. La expectación del hombre creció, probablemente esperando un donativo generoso, pero la fe de Pedro le llevó en cambio a un milagro. Este hombre, que nunca antes se había puesto de pie, se vio no solo de pie sino también caminando y saltando de gozo. Por supuesto, ahora tendría que encontrar una nueva forma de ganarse la vida en lugar de mendigar, pero él no se preocupó de eso. El don de fe de Pedro había abierto el camino para una vida totalmente nueva.

Jesús, que posee todos los dones espirituales porque emanan de Él, ejercitó continuamente el don de fe mientras vivió en la tierra. Antes de resucitar a Lázaro de la muerte (véase Juan 11), retrasó su visita a Marta y María ante la tumba de su hermano, pero esto demostró su fe. Jesús tenía un fe sólida como una roca; sabía que esta aparente derrota se convertiría en una victoria sin precedente. Sus lágrimas brotaron por el dolor que embargaba a la familia, porque Lázaro era uno de sus mejores amigos, y a mí me parece que Él podía haber quedado embargado por ese mismo dolor, pero se sobrepuso a ello y no perdió más tiempo. De forma similar, la atmósfera de incredulidad que rodeaba la tumba podía haber absorbido su fe como una toma de tierra, que atrae el flujo de corriente cuando impacta algún relámpago, pero Él no permitió que sucediera eso. En cambio, animó a Marta a que tuviera fe, diciendo: "*¿No te dije que si crees, verás la gloria de Dios?* (Juan 11:40), y después llamó con valentía a Lázaro para que saliera de la tumba, vivo.

APLICACIONES PRÁCTICAS DEL DON DE FE

Esta dimensión de fe no deja lugar para la duda. Se aferra a la voluntad de Dios para una situación a pesar de cualquier oposición. Cuando el don de fe está explotando, nada puede ponerse en su camino. ¡Mueve montañas!

Hoy, muchos hemos aprendido a caminar en la increíble esfera de la fe. Solo Dios pudo mostrar su poder mediante tal diversidad de dones y operaciones de estos dones a través de los muchos miembros del cuerpo de Cristo. Mi propia fe tiende a avivarse más en tiempos de intervención en crisis a través de la intercesión; y como resultado de las oraciones acompañadas de una fe que brota, he visto cómo cambia la historia delante de mis propios ojos. Mi amigo James Maloney se mueve en el don de fe para milagros posiblemente en una de las formas más regulares que cualquiera podría tener hoy. Cuando ora por personas que han recibido placas en su cuerpo mediante operaciones quirúrgicas para restaurar algún hueso roto, estas sencillamente desaparecen, ¡una vez tras otra!

No quiero decir con esto que una persona con el don de fe posee el mismo nivel de fe para cada circunstancia. Como con los demás dones espirituales, el don de fe parece ser una "especialidad". El énfasis de la fe de una persona, como ocurre conmigo, podría ser fe para intervención en las crisis a través de la intercesión. La esfera de influencia de otra persona podría ser fe para las finanzas o para milagros. He visto a personas con dones de fe que son específicos para patrones climatológicos severos, sanidades, evangelismo y liberación de espíritus inmundos, y ninguna de estas personas encontraría que su don es operativo fuera de su esfera de influencia. A veces, la operación del don parece estar determinada según la necesidad actual o la función de una persona dentro del cuerpo de Cristo. Cuando sucede esto, el don de fe actúa independientemente de la identidad de alguien como una persona dotada; es una fe para milagros especiales o para actos que Dios quiere realizar en una circunstancia dada.

Para algunas personas, la influencia del don de fe está canalizada en ministerios individuales que podrían ser conocidos mejor por los nombres de otros dones espirituales; en este caso, el don de fe realiza un papel de apoyo muy específico. Podemos vislumbrar esta interconexión de dones en el siguiente pasaje de la Escritura:

> *Pero teniendo dones que difieren, según la gracia que nos ha sido dada, usémoslos: si el de profecía, úsese en proporción a la fe; si el de servicio, en servir; o el que enseña, en la enseñanza; el que exhorta, en la exhortación; el que da, con liberalidad; el que dirige, con diligencia; el que muestra misericordia, con alegría.* (Romanos 12:6–8)

"En proporción a la fe". Estos dones se complementan unos a otros; nunca compiten entre ellos. De hecho, un don lleva a que otro don sea activado y liberado. Hay una cooperación divina en

la Divinidad que crea una "zona libre de competición", ¡y tenemos que aprender a modelar esta cooperación en el cuerpo de Cristo!

Independientemente del enfoque, el don de fe permite que una persona exprese palabras que produzcan cambios directamente a una persona, un objeto o una situación, o a Dios a favor de una persona, objeto o situación. La "explosión de fe" lleva con ella el método de ejecución que es apropiado. Por un don de fe, Elías declaró, en el nombre de Dios, que no llovería sobre Israel, y después, tras un largo tiempo de severa sequía, anunció el regreso de la lluvia. (Véase 1 Reyes 17:1; 18:1, 41–45; véase también Santiago 5:17–18). Por boca de Dios, Josué le habló al sol y a la luna, diciéndoles que se detuvieran para que los israelitas pudieran ganar una batalla decisiva contra sus enemigos. (Véase Josué 10:12–14). Jesús habló al viento y las olas para calmar una feroz tormenta. (Véase, por ejemplo, Lucas 8:23–25).

Podría parecer ser arrogante por parte del orador dar tales órdenes, pero si Dios está detrás de las palabras mediante el don de fe, el orador queda humillado por ellas. El orador sabe bien que sus palabras solas no tienen el poder para lograr nada, y que de hecho podría parecer necio si Dios no las respalda con resultados. Así, la capacitación del Espíritu Santo debe ser la fuerza motivadora detrás de las palabras que decimos.

LO QUE RECIBÍ MEDIANTE UN HOMBRE QUE TENÍA EL DON DE FE

Quizá conozca ya la historia de mi vida, que pasé ocho o nueve años (tres recurrencias) de un linfoma de no Hodgkin, un tipo de cáncer. Parecía esconderse y después volvía a aparecer, pero lo derroté dos veces. Después regresó una tercera vez. Hice todo lo que pude, usando todos los métodos e integrando cada enfoque de sanidad que conocía. ¡Quería vivir y no morir!

Sufrí un intenso tratamiento en el centro de tratamiento de cáncer integrado en los Estados Unidos, y como resultado, mi sistema inmunológico quedó significativamente debilitado y mi número de glóbulos blancos era muy bajo. Tuve que llevar una máscara blanca, y quedé en semicuarentena. Después oí que Oral Roberts, con noventa años, el mítico evangelista de sanidad y fe, estaba organizando pequeños grupos de líderes una vez al mes, solo mediante invitación, en su hogar en Orange County, California. Yo recibí una de esas preciosas invitaciones en septiembre de 2009, justamente cuando lo necesitaba. Pensé: *Si pudiera subirme a un avión y estar allí, puede que sea la última persona en la vida de Oral Roberts sobre la que imponga manos y reciba la seguridad de haber sido sanado del cáncer.*

Así que compré mi billete de avión. Lo siguiente que supe es que estaba en el salón de este patriarca de la fe que había visto el movimiento de avivamiento de sanidad del siglo XX. Ahí estaba conmigo Bill Johnson y otros líderes de toda la nación. Al cierre de la reunión, llegó mi turno para la oración. Me senté en una banqueta enfrente de la silla de Oral, y él puso sus experimentadas manos sobre mí durante unos quince segundos, y declaró: "Ordeno que toda célula cancerígena en el cuerpo de este hombre se seque ¡y nunca regrese!". Sentí como si un rayo me impactara, y una explosión de fe quedó depositada en mí.

Ahora puedo anunciar que el cáncer no ha vuelto a regresar desde entonces, y creo que nunca lo hará. ¡Y puedo atestiguar que el don de fe funciona! Oral Roberts se graduó para recibir su recompensa eterna ese mismo diciembre. ¡Estoy eternamente agradecido por esa oportunidad de que él me ministrara!

UN "GENERAL" DE LA FE

Podemos ser alentados a ejercitar nuestra fe al oír historias de grandes "generales" de la fe que vivieron antes que nosotros. Uno de esos generales es Smith Wigglesworth. Nació en Yorkshire, Inglaterra, en 1859, y se graduó de aquí para ir a la gloria en 1947. Wigglesworth llegó a ser conocido como el "apóstol de la fe", pero comenzó como un fontanero sin estudios. Ni siquiera aprendió a leer hasta después de casarse con su esposa Polly, una predicadora del Ejército de Salvación, en 1882, y aprendió a hacerlo leyendo la Biblia.

La fe fue el principal don en su vida y ministerio. Un día, llegó a casa del trabajo y encontró que su querida esposa había muerto hacía un par de horas. ¿Qué hizo? Respondió en base a una fe pura, levantando su cuerpo inerte contra la pared y declarando una palabra de fe sobre su cadáver. Ordenó a Polly que regresara a la vida, ¡y ella lo hizo! ¡Vivió unos años más después de aquello![4]

Muchas personas afirmaron ser sanadas de cáncer mediante su ministerio, y aparecieron testimonios en revistas pentecostales de resultados milagrosos que surgían de la inusual fe fuerte de Wigglesworth. Cierto es que a veces operaba de una manera poco ortodoxa que creó alguna que otra controversia, como golpear la parte enferma del cuerpo de una persona cuando oraba. Pero nadie podía argumentar en contra de sus resultados. Se producían milagros año tras año. Su ministerio le llevó por Europa y hasta el sureste de Asia, los Estados Unidos y África. Algunos de sus inspiradores sermones e historias están recogidos para nosotros en los libros *Ever Increasing Faith* [Fe Cada Vez Mayor] y *Faith That Prevails* [La Fe que Prevalece]. Dios lo hizo antes, ¡y está más que preparado y es capaz de hacerlo también en nuestros días!

MÁS DESEABLE QUE EL ORO

Cuando Dios revela ciertos hechos respecto a su voluntad en una circunstancia, y usted "sencillamente sabe" que sucederá, eso es el don de fe. Debemos buscarla. Tal fe es irresistible. Cuando ese conocimiento se declara oralmente, las palabras no vuelven de vacío. (Véase Isaías 55:11). *"Deseables más que el oro".*

El mandamiento del Señor *es puro, que alumbra los ojos. El temor del* Señor *es limpio, que permanece para siempre; los juicios del* Señor *son verdaderos, todos ellos justos; deseables más que el oro; sí, más que mucho oro fino, más dulces que la miel y que el destilar del panal.* (Salmos 19:8–10)

Dios da el don de fe generosamente, y quiere que lo reconozcamos cuando lo experimentemos, para que lo apreciemos y usemos bien y sabiamente. Decidamos todos usar la medida de fe que nos ha sido dada, regocijándonos grandemente si nuestras circunstancias o nuestra esfera de influencia requiriese más. Echemos mano de Dios y dejemos que su fe sea depositada en cada uno de nosotros en una medida cada vez mayor.

⌒

Amado Señor, te doy gracias por la medida de fe que cada uno recibe, y estoy agradecido por la oportunidad de crecer en el fruto del Espíritu llamado *fidelidad*. ¡Pero quiero más, Señor! Libera el don de fe en mi vida para que se produzcan milagros para la gloria del santo nombre de Cristo Jesús en la tierra. Romanos 10:17 dice que *"la fe viene del oír, y el oír, por la palabra de Cristo"*. Así, prometo guardar las palabras de Dios en mi corazón de tal forma que me dispongan a crecer en fe. Quiero hablar a las montañas en el gran nombre de Jesús ¡y ver que se mueven! *"Más amor, más poder, más de ti en mi vida".*[5] ¡Amén!

8

LOS DONES DE SANIDADES

"Y mientras Pedro viajaba por todas aquellas regiones, vino también a los santos que vivían en Lida. Allí encontró a un hombre llamado Eneas, que había estado postrado en cama por ocho años, porque estaba paralítico. Y Pedro le dijo: Eneas, Jesucristo te sana; levántate y haz tu cama. Y al instante se levantó. Todos los que vivían en Lida y en Sarón lo vieron, y se convirtieron al Señor".
—Hechos 9:32–35

Antes de empezar este capítulo, quiero destacar que no vamos a ver el "don de sanidad". En cambio, examinaremos más de un don. Es interesante que en su lista de dones espirituales en 1 Corintios 12, Pablo escribió "dones" de "sanidades". Si miramos el original en griego, ambas palabras "don" y "sanidad" están en plural, y carecen de artículo definido, como lo indica la traducción *Reina Valera 1960*:

> *Ahora bien, hay diversidad de dones, pero el Espíritu es el mismo... Porque a éste es dada... **dones de sanidades** por el mismo Espíritu... Y a unos puso Dios en la iglesia, primeramente apóstoles, luego profetas, lo tercero maestros, luego los que hacen milagros, después los que sanan, los que ayudan, los que administran, los que tienen don de lenguas... ¿Tienen todos dones de sanidad? ¿hablan todos lenguas? ¿interpretan todos?* (1 Corintios 12:4, 8–9, 28, 30 RVR-1960)

Dones de sanidades es una forma perfecta de describir la sanidad espiritual, la cual comprende múltiples aplicaciones. Hay muchas necesidades de sanidad, y muchas formas distintas de tratarlas. La gente no solo necesita sanidad física de todo tipo de achaques y minusvalías, sino que también necesita sanidad psicológica, sanidad emocional y sanidad espiritual. Las sanidades a veces se producen de forma gradual, a veces de forma instantánea. Las sanidades se pueden producir después de una palabra personal de oración o una declaración llena de fe, pero a veces se producen debido a la atmósfera espiritual del entorno de un grupo.

De nuevo, acudo a mi amigo Sam Storms, ya que él ve una fuerte correlación entre los dones de sanidades y el don de fe, el cual está enumerado inmediatamente después de los dones de sanidades de la lista de Pablo de 1 Corintios 12. En su libro *The Beginner's Guide to Spiritual Gifts* [Manual de Dones Espirituales para Principiantes], escribió:

> Evidentemente, Pablo no visualizó que una persona pudiera estar investida de un don de sanidad que fuera operativo siempre y con todas las enfermedades. Su lenguaje sugiere o bien muchos dones o poderes distintos de sanidad, cada uno de ellos apropiado y eficaz para alguna

enfermedad, o cada ocurrencia de sanidad constituyendo un don concreto por sí mismo.[1]

Las personas cuyos dones incluyen sanidad varían en personalidades, posición y circunstancias, y así ministran sanidad divina de muchas formas distintas, desarrollando muchos modelos viables para usar dones de sanidad. La sanidad nunca es un don con una sola talla única para todos. Este es un rápido repaso de los modelos de sanidad extraído de mi propia experiencia ministerial. Influenciado por Kenneth Hagin y Benny Hinn (que oraron por mí en más de una ocasión para imparticiones del poder de Dios), primero aprendí a declarar sanidad directamente, esencialmente usando el método de Palabra de Fe. Después fui expuesto al modelo de sanidad de la tercera ola desarrollado por John Wimber, su ampliamente usado enfoque de cinco pasos (entrevista/interactivo). Inmediatamente después llegó el derramamiento del Espíritu Santo de "Toronto Blessing" [Bendición de Toronto], enfatizando el "empaparse", que es esperar, adorar y descansar en el Espíritu como una autopista para la sanidad. A esto le siguió el modelo de sanidad Sozo (*sozo* es la palabra griega para "salvación"), que en algunos círculos se solapa con lo que se llama Oración de Libertad.

Por el camino, también llegué a apreciar el método de Elijah House, desarrollado por John y Paula Sanford para tratar los componentes psicológicos y emocionales de la sanidad física. Me hice muy amigo de Cal Pierce, que dirige el actual Healing Rooms (creado por John G. Lake). Pero posiblemente el enfoque más exhaustivo que conozco ha sido desarrollado por Chester y Betsy Kylstra de Restoring The Foundations.

Como puede ver, ha habido muchos avances en el cuerpo de Cristo con respecto a los dones de sanidades, y yo he tenido una gran curva de aprendizaje en mi propia vida personal con respecto a ellos también. He asistido a incontables conferencias de sanidad y he ministrado junto a líderes dotados durante los años, y he visto el comienzo de varias escuelas de sanidad y lo sobrenatural en conjunto con iglesias vibrantes y centros ministeriales, además de casas de sanidad, salas de sanidad, y más. Con retos de salud en mi propio cuerpo, he aprendido a maximizar la salud y la sanidad mediante ciertas prácticas litúrgicas, como tomar la Comunión regularmente, y continúo beneficiándome de la sabiduría combinada del consejo nutricional y de estilo de vida, y guardando el descanso del Sabbath.

No es difícil ver que el pueblo de Dios necesita sanidad de todo tipo de trastornos y enfermedades que requieren que se aborden de todas los formas posibles. Por eso estamos viendo el uso plural en la terminología de Pablo. Siempre es el mismo Espíritu de Jesús el que hace la sanidad. Pero a través de intermediarios humanos, Él se presenta en distintos "recipientes" para distintas personas en tiempos distintos y en distintas situaciones.

DEFINIR DONES DE SANIDADES

Como dije antes, la sanidad, incluso la sanidad sobrenatural, no siempre es instantánea. A veces, puede parecer más natural que milagrosa. Sus muchas expresiones de operación pueden involucrar más de una obra de la gracia de Dios. Pero cada vez, los dones de sanidades alivian los cuerpos humanos de enfermedad, minusvalías o dolencias;[2] y los dones operan bajo el control de Dios.[3]

Las personas que usan sus dones de sanidades para el beneficio de otros raramente están entrenados en el campo médico (aunque puede haber algunos). Como lo dijo Kenneth Hagin: "La sanidad que es sobrenatural no llega mediante un diagnóstico o prescribiendo un tratamiento. La sanidad divina llega mediante la imposición de manos, ungiendo con aceite, o a veces solamente declarando la Palabra, solo por nombrar algunos ejemplos de la Palabra de cómo se ministra la sanidad".[4] Las personas con dones de sanidades puede que vean resultados obvios instantáneamente, o quizá les cueste ver la mejora de alguien. Los dones de sanidades quizá se diga que aceleran el proceso de sanidad en una persona enferma (lo cual puede o no puede ser factible sin el toque sobrenatural). Aunque no hubiera otra razón, la amplia variedad de dones de sanidades se necesita para tratar las muchas clases de enfermedades que sufre la gente.[5]

En cuanto a los dones espirituales concierne, este en particular capta su atención. Todos necesitan la sanidad divina en algún momento de su vida, y es bueno saber que no tiene que seguir una fórmula estricta para ser sanado. La sanidad divina es una posibilidad muy real, no solo algún tipo de curanderismo como el que ofrecen muchos charlatanes.

CÓMO OPERAN LOS DONES DE SANIDADES

Los miembros del cuerpo de Cristo han aprendido a usar sus dones de sanidades primero de la enseñanza y el ejemplo del Nuevo Testamento, y después, predeciblemente, de la experiencia acumulada.

Los relatos bíblicos nos enseñan que hay tanto precedente de una sanidad que se produce en fases o durante un periodo de tiempo como de un milagro instantáneo. Por ejemplo, cuando Jesús oró por un ciego (¡después de escupir en sus ojos!, un ejemplo que nadie debería seguir sin una guía divina específica), su visión regresó solo después de un segundo esfuerzo. (Véase Marcos 8:22–25). Jesús escupió y oró la primera vez, y le preguntó: "*¿Ves algo?*" (Marcos 8:23). El hombre podía ver, pero solo de forma vaga. Así que Jesús oró y volvió a escupir en sus ojos, y entonces su visión fue perfecta.

Las sanidades "lentas" no son menos reales que las instantáneas, por supuesto, pero vemos que las inmediatas son más emocionantes, como los siguientes ejemplos. Jesús le dijo a un leproso: "*Sé limpio. Y al **instante** su lepra desapareció*" (Mateo 8:3, RVR-1960). En un momento, la suegra de Simón estaba en cama con fiebre, pero al momento siguiente, Jesús la había sanado, y ella estaba esperando a Jesús, a su yerno y los otros que habían ido con ellos a su casa. (Véase Marcos 1:30–31).

Las sanidades instantáneas pueden producirse cuando la persona que ora o declara una sanidad no está físicamente con la persona enferma. En un destacado incidente, un funcionario tenía un hijo que estaba a punto de morir, y le rogó a Jesús que fuera y sanara al niño. Jesús pudo declarar una palabra de sanidad desde la distancia y fue tan eficaz como si hubiera tocado a la persona enferma.

Señor —rogó el funcionario—, baja antes de que se muera mi hijo. —Vuelve a casa, que tu hijo vive —le dijo Jesús—. El hombre creyó lo que Jesús le dijo, y se fue. Cuando se dirigía a su casa, sus siervos salieron a su encuentro y le dieron la noticia de que su hijo estaba vivo. Cuando les preguntó a qué hora había comenzado su hijo a sentirse mejor, le contestaron: —Ayer a la una de la tarde se le quitó la fiebre.

(Juan 4:49–52, NVI)

Este relato nos muestra el gran poder de una palabra de sanidad cuando Jesús la inicia. Recuerde también la historia del siervo del centurión, contada en Lucas 7:2–10. No importa si las personas piden sanidad para ellos mismos, si alguien los trae para recibir sanidad (como ocurre a menudo en el caso de niños o personas con minusvalía severa); o si alguien viene como intermediario, buscando solo una palabra de sanidad para otro, como hizo el centurión. A menudo la persona que necesita sanidad ni siquiera la busca, o requiere de alguna amable persuasión para aceptar la idea. Recuerde al cojo en el estanque de Betesda:

Después de esto, se celebraba una fiesta de los judíos, y Jesús subió a Jerusalén. Y hay en Jerusalén, junto a la puerta de las ovejas, un estanque que en hebreo se llama Betesda y que tiene cinco pórticos En éstos yacía una multitud de enfermos, ciegos, cojos y paralíticos que esperaban el movimiento del agua; porque un ángel del Señor descendía de vez en cuando al estanque y agitaba el agua; y el primero que descendía al estanque después del movimiento del agua, quedaba curado de cualquier enfermedad que tuviera. Y estaba allí un hombre que hacía treinta y ocho años que estaba enfermo. Cuando Jesús lo vio acostado allí y supo que ya llevaba mucho tiempo en aquella condición, le dijo: ¿Quieres ser sano? El enfermo le respondió: Señor, no tengo a nadie que me meta en el estanque cuando el agua es agitada; y mientras yo llego, otro baja antes que yo. Jesús le dijo: Levántate, toma tu camilla y anda. Y al instante el hombre quedó sano, y tomó su camilla y echó a andar.

(Juan 5:1–9)

Por lo que respecta a la sanidad, tenemos que asegurarnos de estar en consonancia con el tiempo de Dios. Recuerde que Jesús se retrasó antes de ir a resucitar a Lázaro de la muerte. Evidentemente, no hubiera sido lo suficientemente bueno el hecho de sanar la enfermedad que amenazaba la vida de Lázaro. En cambio, esperó hasta que era "demasiado tarde" para poder hacer un tipo de sanidad mucho más espectacular: una resurrección.

Recuerdo una vez en que tuve un fuerte sentimiento del tiempo oportuno para una oración de sanidad. Un amigo mío estaba hospitalizado, y me llamaron para que acudiera porque estaba muy enfermo. Sin embargo, en vez de subirme corriendo al automóvil para apresurarme hacia el hospital, sentí que el Espíritu Santo me lo impedía. El hecho de que el enfermo era muy amigo mío hacía que la espera fuera aún más difícil. Lo único para lo que tenía libertad era para ministrar al Señor (orar y adorar y esperar su tiempo) en casa. Después de un día y medio aproximadamente, me pareció bien ir al hospital. Solo sabía que mi amigo estaba ahora peor que nunca, pero no pude ser disuadido por ello porque ahora tenía una fe que explotaba en mi corazón. Cuando entré en la habitación del hospital donde estaba mi amigo, él estaba en coma y tenía tubos por todas partes. Comencé a darle golpecitos en el pecho, y de repente los aparatos comenzaron a registrar actividad, y él comenzó a revivir. No pasó mucho tiempo cuando le dieron de alta del hospital, totalmente sano. Su querida esposa dijo que era un milagro; lo único que sé es que escuché y obedecí, ¡y Dios intervino!

Imposición de manos

Muchas, muchas veces, la sanidad se produce cuando alguien pone sus manos sobre el que necesita sanidad. Jesús y los miembros de la iglesia primitiva usaban esta práctica todo el tiempo. Lo siguiente es una muestra de versículos bíblicos que tienen que ver con la imposición de manos para sanidad:

> *Al ponerse el sol, la gente le llevó a Jesús todos los que padecían de diversas enfermedades; él puso las manos sobre cada uno de ellos y los sanó.* (Lucas 4:40, NVI)

> *Y sucedió que el padre de Publio yacía en cama, enfermo con fiebre y disentería; y Pablo entró a verlo, y después de orar puso las manos sobre él, y lo sanó. Cuando esto sucedió, los demás habitantes de la isla que tenían enfermedades venían a él y eran curados.* (Hechos 28:8–9)

> *Y estas señales acompañarán a los que han creído… sobre los enfermos pondrán las manos, y se pondrán bien.* (Marcos 16:17–18)

La oración por los enfermos con imposición de manos no es solo para personas que han recibido dones de sanidades. Es la prerrogativa de todos los "creyentes que creen" tener fe en la Palabra de Dios y orar por los enfermos. A veces, la imposición de manos incluye ungir con aceite, y a menudo la unción la lleva a cabo un líder de iglesia. Este es el precedente bíblico para eso:

> ¿Está alguno entre vosotros enfermo? Que llame a los ancianos de la iglesia y que ellos oren por él, ungiéndolo con aceite en el nombre del Señor; y la oración de fe restaurará al enfermo, y el Señor lo levantará, y si ha cometido pecados le serán perdonados.
>
> (Santiago 5:14–15)

> Y [los doce discípulos] echaban fuera muchos demonios, y ungían con aceite a muchos enfermos y los sanaban.
>
> (Marcos 6:13)

Ocasionalmente (aunque se ha abusado de este método de sanidad), se puede poner sobre los enfermos algo que no sean las manos, como una prenda de una persona ungida o incluso la sombra de alguien que tiene un don de sanidad. Estas cosas forman un punto de contacto para la persona en necesidad. El siguiente relato ocurrió después de que Jesús había estado enseñando públicamente y haciendo milagros durante un tiempo, y su reputación había comenzado a precederle.

> Cuando salieron de la barca, enseguida la gente reconoció a Jesús, y recorrieron apresuradamente toda aquella comarca, y comenzaron a traer a los enfermos en sus camillas adonde oían decir que Él estaba. Y dondequiera que Él entraba en aldeas, ciudades o campos, ponían a los enfermos en las plazas, y le rogaban que les permitiera tocar siquiera el borde de su manto; y todos los que lo tocaban quedaban curados.
>
> (Marcos 6:54–56)

Después, ocurrió algo similar con Pedro y los demás discípulos:

> Por mano de los apóstoles se realizaban muchas señales y prodigios entre el pueblo; y estaban todos unánimes en el pórtico de Salomón… a tal punto que aun [la gente] sacaban los enfermos a las calles y los tendían en lechos y camillas, para que al pasar Pedro, siquiera su sombra cayera sobre alguno de ellos. También la gente de las ciudades en los alrededores

de Jerusalén acudía trayendo enfermos y atormentados por espíritus inmundos, y todos eran sanados. (Hechos 5:12, 15–16)

En Éfeso, Pablo llevó a cabo *"milagros extraordinarios"*, algunos de los cuales fueron *extra*-ordinarios porque ocurrieron mediante algunas de sus prendas, sin que Pablo estuviera presente. (Estos milagros debieron de haber ocurrido de esta forma o bien debido a una revelación directa sobre ellos, o porque no había otra forma en que Pablo impusiera sus manos sobre todos los enfermos de la región).

Y Dios hacía milagros extraordinarios por mano de Pablo, de tal manera que incluso llevaban pañuelos o delantales de su cuerpo a los enfermos, y las enfermedades los dejaban y los malos espíritus se iban de ellos. (Hechos 19:11–12)

(A menos que visualice a Pablo llevando un pañuelo de cuello o un pañuelo tipo bandana junto con un mandil de cocina contemporáneo, recuerde que esto probablemente se referiría a sus prendas sudadas de hacer tiendas y su delantal protector de artesano). Me gustaría poder ver un video de esas enfermedades siendo sanadas y los demonios siendo derrotados ¡por un pequeño trozo de tela vieja! En la práctica, he estado en muchas reuniones donde la fe abunda y la gente lleva pañuelos o prendas para orar por ellas y después llevarlas de vuelta a sus seres queridos enfermos. Notablemente, esto libera una atmósfera de fe, esperanza y amor en la que puede producirse una sanidad auténtica. Incluso cuando la gente no es sanada, a menudo experimenta el especial consuelo del amor de Dios.

Recientemente, observé la unción combinada de un padre en la fe y su hijo espiritual mientras ministraban sanidad juntos: un dúo generacional. Bobby Connor, un antiguo pastor bautista de Texas, junto a su hijo espiritual Jerame Nelson, se movían juntos en palabras de conocimiento y dones de sanidades. Dos pueden ser mucho mejor que uno. ¡La diversidad en las formas de Dios de liberar sus dones nunca deja de sorprenderme!

Comunión, la cena del Señor

Personalmente, además de la oración directa y la imposición de manos, me apoyo mucho en el básico poder sanador de la cena del Señor (también llamada Comunión o Eucaristía). De hecho, viajo con un conjunto de Comunión portátil para poder obedecer las palabras de Jesús: *"Haced esto cuantas veces la bebáis en memoria de mí"* (1 Corintios 11:25). Ese versículo no dice "las pocas veces que la bebáis" o "raras veces". Pablo escribió *"cuantas veces la bebáis"* en el contexto de estas conocidas palabras:

> *Porque yo recibí del Señor lo mismo que os he enseñado: que el Señor Jesús, la noche en que fue entregado, tomó pan, y después de dar gracias, lo partió y dijo: Esto es mi cuerpo que es para vosotros; haced esto en memoria de mí. De la misma manera tomó también la copa después de haber cenado, diciendo: Esta copa es el nuevo pacto en mi sangre; haced esto cuantas veces la bebáis en memoria de mí.* (1 Corintios 11:23–25)

Dios ha atado nuestro bienestar físico a nuestra relación espiritual con este aspecto de "cuerpo y sangre" de su Hijo. Tenemos que buscarle, desear su presencia, obedecerle. La salud de nuestra relación con Él y con otros ayuda a determinar la salud de nuestros cuerpos físicos:

> *Por tanto, examínese cada uno a sí mismo, y entonces coma del pan y beba de la copa. Porque el que come y bebe sin discernir correctamente el cuerpo del Señor, come y bebe juicio para sí. Por esta razón hay muchos débiles y enfermos entre vosotros, y muchos duermen.* (1 Corintios 11:28–30)

Cuando usted participa de la cena del Señor, está proclamando lo que el Señor ha hecho a través de su muerte y resurrección. Usted recibe la limpieza del perdón, y usted perdona a otros. Se regocija en el hecho de que la sangre de Jesús ha triunfado sobre el poder del maligno. Usted recibe y da misericordia, proclama vida sobre usted mismo, y se vuelve a someter al señorío de Jesús. ¿Qué podría promover más la salud que eso? La cena del Señor es la comida que sana.

La persistencia da frutos

Algunas sanidades necesitan mucha oración preliminar para quitar las cosas que impiden la sanidad. Un ejemplo de esto ocurrió una vez cuando estaba ministrando con Mahesh Chavda en Haití. Multitudes de personas estaban llegando noche tras noche, y tras cada reunión, los hacíamos formar fila para recibir oración. Aunque la noche estaba oscura, la luz del Señor estaba brillando con intensidad.

La primera noche, una joven llevó a la reunión a su anciana abuela, que era ciega de nacimiento, para que pudiéramos orar por su sanidad. Esa noche, Mahesh sabiamente hizo una invitación para salvación. La abuela entregó su vida al Señor, pero seguía estando ciega cuando regresó a casa. La noche siguiente, la pareja regresó, y de nuevo la nieta llevó a su abuela hasta la fila de oración. La abuela pidió ser llena del Espíritu Santo, y lo fue. Pero seguía siendo ciega. La tercera noche enfatizamos la liberación, y las dos pasaron al frente juntas una vez más. La abuela se cayó al suelo bajo el poder de Dios y fue gloriosamente liberada. Pero cuando se levantó, aún no podía ver, y su nieta tuvo que llevarla de regreso a casa de la mano en la noche oscura una vez más.

Yo estaba maravillado ante la persistencia y el amor de la pequeña. La cuarta noche, predicamos acerca de romper maldiciones, y la abuela también pasó al frente para recibir oración. Se rompieron maldiciones, pero su ceguera persistía. Finalmente, la quinta noche, Mahesh predicó sobre sanidad, y ahí estaban de nuevo; la niña había llevado a su abuela al frente cada noche durante cinco noches seguidas, al margen de la naturaleza de la invitación, y aún no estaba lista para rendirse. Esa noche, la anciana fue sanada, pero no lo supimos al principio. Lo siguiente que supimos es que estaba arriba de la plataforma (que era la parte trasera de un camión de plataforma) con el micrófono, diciendo: "Alabado sea el Señor" en el idioma haitiano criollo, porque ya no era ciega; ¡podía ver!

Semanas después, de vuelta en los Estados Unidos, Mahesh iba conduciendo por la autopista y pensando en la sanidad de la abuela. "Señor", preguntó, "¿por qué no fue sanada hasta la quinta noche?". Inmediatamente, tuvo una visión de un pulpo sentado sobre la cabeza de la mujer con sus brazos como tentáculos rodeándola; cada vez que él oraba por ella, uno de sus brazos se soltaba. La quinta vez, los brazos restantes se soltaron, y ella recibió su vista. Es interesante, ¿verdad? Fue como si capas de impedimentos tuvieran que ser retiradas para llegar a la raíz del problema para que ella pudiera ser sanada.

¿La lección? A veces, los ojos ciegos pueden ser sanados al instante, en cuanto se ora por ellos. Otras veces tardan un tiempo, como cuando Jesús ministró al ciego que vio *"hombres como árboles, pero los veo que andan"* (Marcos 8:24, RVR-1960) antes de ser totalmente restaurado. En cualquier caso, la persistencia da fruto. Merece la pena aprender a usar los dones de sanidades.

Si realmente anhela con fervor poder recibir y liberar los dones de sanidades, póngase bajo el ministerio de algunos de los héroes modernos de la fe, como Randy Clark, Bill Johnson, Joan Hunter, Mahesh Chavda, James Maloney y otros. Beba de ellos. Después haga algo con lo que haya recibido. Saque las manos de sus bolsillos y póngalas sobre alguien que necesite sanidad, ¡por Jesús! Sea parte del ejército de sanidad para los tiempos en que vivimos. Vuelva su rostro de las necesidades de sanidades que claman por su atención hacia nuestro Sanador y Gran Doctor. Pida los dones de sanidades para cada forma de enfermedad que conocemos y también para enfermedades que aún no hemos oído, ¡todo para la gloria de Dios!

Jesús, te exalto. Sé que eres el mismo ayer, hoy y por los siglos, y declaro que la sanidad es *"el pan de los hijos"* como dijiste en Mateo 15:26. Por lo tanto, doy la bienvenida a los dones de sanidades a mi vida, a las vidas de la gente que me rodea, y a los ministerios de mi zona. Ven, Espíritu Santo; ¡quiero más! A Dios sea la gloria, ¡amén!

HACER MILAGROS

"Porque no me atreveré a hablar de nada sino de lo que Cristo ha hecho por medio de mí para la obediencia de los gentiles, en palabra y en obra, con el poder de señales y prodigios, en el poder del Espíritu de Dios".
—Romanos 15:18–19

En un punto durante su ministerio, Jesús regresó a su ciudad natal de Nazaret, pero el Hijo de Dios tuvo problemas para hacer milagros en esa atmósfera falta de fe: *"Y no pudo hacer allí ningún milagro; sólo sanó a unos pocos enfermos sobre los cuales puso sus manos"* (Marcos 6:5). Sus antiguos vecinos no esperaban que el Hijo soltero de un carpintero local fuera alguien que hacía milagros, y muchos de ellos pensaron que estaba un poco loco. Así que Jesús no pudo hacer muchos milagros en

Nazaret, aunque sanó a unos cuantos. Aparentemente, era más fácil hacer sanidades que milagros ante la resistencia.

Los milagros abarcan más que las sanidades, ya que abarcan otros fenómenos sobrenaturales, incluyendo cambios meteorológicos poco frecuentes. Las sanidades a veces pueden ser espectaculares, pero los milagros son incluso más impresionantes. Una razón de esto es que los milagros parecen desafiar las leyes de la naturaleza. Las sanidades pueden ocurrir naturalmente en algunos casos, y la sanidad divina solo los acelera. Pero ¿los milagros? Siempre van más allá de lo natural. Por ejemplo, no importa qué tipo de agua o tinajas pueda usar, nunca podría convertir agua en vino bueno mediante ningún proceso natural. Sería necesario un milagro como el que hizo Jesús.

> Había allí seis tinajas de piedra, de las que usan los judíos en sus ceremonias de purificación. En cada una cabían unos cien litros. Jesús dijo a los sirvientes: —Llenen de agua las tinajas. Y los sirvientes las llenaron hasta el borde. —Ahora saquen un poco y llévenlo al encargado del banquete —les dijo Jesús. Así lo hicieron. El encargado del banquete probó el agua convertida en vino sin saber de dónde había salido, aunque sí lo sabían los sirvientes que habían sacado el agua. Entonces llamó aparte al novio y le dijo: —Todos sirven primero el mejor vino, y cuando los invitados ya han bebido mucho, entonces sirven el más barato; pero tú has guardado el mejor vino hasta ahora. Ésta, la primera de sus señales, la hizo Jesús en Caná de Galilea. Así reveló su gloria, y sus discípulos creyeron en él.   (Juan 2:6–11, NVI)

En Caná, un pueblo a pocos kilómetros de Nazaret, Jesús hizo su primer milagro público; y por supuesto que siguió haciendo muchos más milagros, al igual que sus discípulos. Pienso que es un poco artificial decir que los milagros "anulan" las leyes de la naturaleza, como si el Dios que hace milagros no estableciera las leyes de la naturaleza en primer lugar. Él puede hacer lo que quiera, cuando quiera, independientemente de lo que nosotros consideremos normal y natural.

Cuando las personas ven un milagro, saben que algo poco común acaba de ocurrir. Su primera respuesta, como el anfitrión del banquete, suele ser a menudo "¡No me lo puedo creer!". Pero muchas veces, la naturaleza extraordinaria de lo que acaban de ver con sus propios ojos o escuchado con sus propios oídos es una prueba positiva para ellos de que Dios verdaderamente es bueno y benevolente.

DEFINIR EL DON DE HACER MILAGROS

"Porque a éste es dado… el hacer milagros" (1 Corintios 12:8, 10, RVR-1960). Similar a los "dones de sanidades", el original griego utilizaría el término plural en ambas partes, como "hacer milagros". El plural indica un rango de operaciones. Para ser incluso más fiel al original griego, podríamos llamar a este don "hacer poderes", porque la palabra que traducimos como "milagros" es *dunamis* ("poderes") en griego. Hacer milagros, entonces, se podría entender como el "efectuar" o lograr los poderes del Espíritu Santo. (Véase 1 Corintios 12:10). "El Dios que está presente siempre y en todo lugar, sosteniendo y levantando y dirigiendo todas las cosas para su señalada consumación, está ahora [cuando se efectúa un milagro] obrando de una forma sorprendente y poco familiar", escribe Sam Storms.[1]

Dick Iverson aclara que Dios es el que lleva a cabo el milagro, y que los creyentes participan con Él en su obra. El don es "la capacidad dada por Dios de cooperar con Dios mientras Él realiza milagros. Es de hecho una co-acción, u operación conjunta; el hombre participando con Dios en llevar a cabo lo imposible. No es el hombre haciendo milagros, sino Dios haciendo milagros mediante un acto de cooperación con los hombres".[2]

¿Hay algún don del Espíritu que sea mejor que otro? ¿Hay alguna gracia que se estima por encima del resto? Está claro que "obrar poderes" es uno de los paquetes de gracia del Espíritu Santo que más desesperadamente se necesita, y es a menudo el que más se busca. Pero el mejor don siempre será el que se necesite en un momento dado.

El teólogo y maestro Wayne Grudem define un milagro como "un tipo menos común de la actividad de Dios en el que Él despierta el asombro y la maravilla de la gente y da testimonio de sí mismo".[3] Este es un elemento clave de un verdadero milagro. ¿Cree que Dios haría un milagro al azar y sin que lo notase algún humano? Yo no lo creo. Los milagros son para captar la atención de la gente, para mostrar que Dios es real y relevante. No hay garantía de que la gente se vuelva de todo corazón a Dios como resultado, pero se verán obligados a pensar en Dios. Ese es el efecto que tuvieron los milagros en el mago samaritano llamado Simón que perseguía a Felipe: "*Y viendo las señales y grandes milagros que se hacían, estaba atónito*" (Hechos 8:13, RVR–1960).

LA VOLUNTAD DE DIOS MÁS LA OBEDIENCIA HUMANA

Si examina un milagro, casi siempre encontrará que fue provocado por un sencillo acto de obediencia de alguien. Los resultados milagrosos son más impactantes en comparación con el acto inicial de fe. Cuando Dios abrió el mar Rojo para los israelitas, el trabajo de Moisés no fue extenuante. Dios le dijo que alzara su vara y extendiera su mano hacia el mar. (Véase Éxodo 14:16). Después, cuando Moisés y el pueblo llegaron a Mara donde las aguas eran demasiado amargas para beber, el Señor le dijo a Moisés que lanzara un tronco en las aguas, y mediante un milagro el agua se volvió dulce. (Véase Éxodo 15:23–25). En ambos casos, Moisés tuvo que obedecer. Ni la vara ni el tronco produjeron el milagro;

el milagro fue efectuado por el poder de Dios. Pero Moisés tuvo que obedecer explícitamente. Si él hubiera gritado al mar en vez de alzar su mano y su vara hacia él, es bastante posible que los egipcios los hubieran alcanzado. Si hubiera metido el tronco en el agua calladamente (o si hubiera lanzado su vara como sustituto del tronco) en vez de arrojar el tronco señalado con una gran salpicadura, el agua de beber de los israelitas es muy probable que hubiera seguido estando amarga.

En otras palabras, Moisés se comprometió a actuar según lo que el Señor le había dicho. La fe no es tentativa. La obediencia no es un experimento. Es un compromiso real, y puede conllevar hacer un acto aparentemente ridículo delante de multitud de personas.

La obediencia está precedida por una comunicación con Dios. La fe obediente viene de oír: *"Así que la fe viene del oír, y el oír, por la palabra de Cristo"* (Romanos 10:17). En las instancias de arriba, Dios le dijo a Moisés lo que tenía que hacer. Del mismo modo, el Espíritu dirigió al profeta Ezequiel hasta el valle de los huesos secos, y después le dijo al profeta lo que tenía que decir y hacer. (Véase Ezequiel 37:1–10). El Señor le dijo al profeta Elías que diera a una viuda menesterosa una palabra de dirección que sonaba poco probable, y su pequeña cantidad de suministro de aceite se multiplicó hasta llenar todas las jarras que ella había conseguido. (Véase 2 Reyes 4:1–7). Los milagros se producen creyendo y actuando en base a la palabra del Señor.

Dios es el único Ser no creado del universo, habiendo creado todo lo demás que ha existido jamás. *"Por la palabra del Señor fueron hechos los cielos, y todo su ejército por el aliento de su boca"* (Salmos 33:6). Dios Hijo, la Palabra hecha carne, *"sostiene todas las cosas por la palabra [rhema, griego] de su poder"* (Hebreos 1:3). Él sostiene todas las cosas por la *rhema*, o palabra hablada, que pronuncia. Vemos que mediante las palabras que Jesús declaró, y las de sus seguidores en su nombre, se hicieron los milagros. (Véase, por ejemplo, Juan 5:8–9; Juan 11:43–44; Hechos 3:6–8).

Aun así, puede tener todas las palabras divinas que quiera, pero a menos que los actos de fe obediente acompañen a las palabras declaradas del Señor, nada puede ocurrir. *"Así también la fe por sí misma, si no tiene obras, está muerta"* (Santiago 2:17). La única forma en que la montaña puede ser echada al mar es mediante la fe, una fe que se mantiene firme, sin la más mínima duda: *"En verdad os digo que cualquiera que diga a este monte: 'Quítate y arrójate al mar', y no dude en su corazón, sino crea que lo que dice va a suceder, le será concedido"* (Marcos 11:23).

MILAGROS DADOS GRATUITAMENTE

Recuerde siempre que los milagros son dones. Uno no se los gana. Usted no puede portarse lo suficientemente bien como para ganárselos. El Espíritu Santo los da gratuitamente, y como todos sus dones, son demostraciones de las profundidades del inmenso amor de Dios. Los dones espirituales se dan para que fluyan a través de nosotros como actos de misericordia, bondad y amor hacia otros. En otras palabras, no podemos acopiarlos y guardárnoslos para nosotros. Estos paquetes de gracia son para que pasen por nuestras manos; debemos distribuirlos como Dios nos muestre. Gratuitamente hemos recibido, ¡así que ahora debemos dar gratuitamente! (Véase Mateo 10:8).

En mi experiencia personal, casi parece como si los milagros se produjeran por "accidente". Ciertamente no estoy pensando en los milagros cuando de repente parecen suceder cosas asombrosas, sin intención alguna por mi parte. Una vez, al término de una reunión, la gente se había congregado al frente del auditorio, y yo comencé al azar a vagar entre las almas sedientas como suelo hacer, imponiendo manos sobre personas para pronunciar la bendición del Señor. Ese día, mientras hacía mi típico "merodeo del Espíritu Santo", toqué suavemente a una señora y dije: "¡Milagros!". Poco me imaginaba yo que esa mujer necesitaba desesperadamente un gran milagro. Ella salió corriendo del auditorio, fue al baño más cercano, e inmediatamente soltó siete tumores sangrantes. Fue totalmente sanada en un momento. Fue un milagro. Los informes después verificaron su inexplicable sanidad. ¡Gloria al Señor! (Desearía que esto me ocurriera todas las veces, pero quizá este es el único entre cientos).

Otra vez, cuando estaba en Nueva Inglaterra, la gente de nuevo había acudido al frente del santuario de la iglesia, en respuesta a un mensaje sobre María de Betania titulado "Derramada sobre Jesús" que acababa de terminar. Había llamado al frente a los que quisieran derramar sus vidas sobre Jesús el Mesías. No era una invitación para sanidad y milagros; era un llamado para que la gente entregara su todo en adoración y consagración al único que es digno. De nuevo, me encontré merodeando entre la gente, solo tocando a algunos, bendiciéndoles y ocasionalmente declarando alguna pequeña frase sobre ellos. Con una señora encantadora en concreto que estaba adorando, sencillamente pronuncié la palabra "Sanidad", sin tener ninguna sensación de que estuviera pasando algo como resultado de ello.

Un año después, regresé a la misma iglesia. La agradecida señora me entregó públicamente un regalo de un viejo cuadro de María de Betania y después compartió su testimonio. Al recordar sus palabras, ella había pasado al frente el año antes para presentarse como una "amante sin reservas", y cuando yo había puesto suavemente mi mano sobre ella, el fuego de Dios había entrado en su cuerpo. De repente, fue sanada completamente de cáncer, algo que yo ni siquiera sabía que tenía.

Qué maravilloso es el amor de Dios, sanidades y milagros ocurriendo cuando la persona que está actuando como el canal de la gracia de Dios ni siquiera es consciente de lo que está haciendo. ¡Usted tiene que amar cosas como esas! Como dice uno de mis amigos de la nueva generación: "¡Uno no puede inventarse cosas como esas!".

EL LEGADO DE JOHN G. LAKE

Podemos mirar el legado de John G. Lake (1870-1935) para inspirarnos acerca de cómo Dios ha usado el don de hacer milagros en el pasado, y lo que Él puede hacer en nuestros días. Lake definitivamente destaca en la historia moderna de la iglesia cuando se trata de los dones de poder del Espíritu Santo. Fue un líder canadiense-estadounidense del movimiento pentecostal global y fue conocido como un sanador de fe; también fue misionero y cofundador de Apostolic Faith Mission en Sudáfrica. Tras terminar su obra misionera en Sudáfrica, Lake se mudó al noroeste de los Estados Unidos, donde evangelizó durante más de veinte años. Mediante su instituto de sanidad divina Divine Healing Institute, levantó salas de sanidad divina en Spokane, Washington, y por toda la costa oeste.

Hace algunos años, estaba yo orando durante cinco días en una casa de retiros con una vista de lo alto de una montaña desde donde se observaba toda la ciudad de Spokane, Washington. Al final de mi tiempo de retiro en intercesión, alguien me enseñó un ejemplar de un periódico secular con fecha del 7 de agosto de 1924, en el que leí este titular en primera página: "Sanados por Dios: Desfile en las calles".

El artículo, escrito por un periodista llamado Alan Watts, describía un desfile literal en las calles del centro de Spokane de doscientas cincuenta personas que afirmaban haber sido sanadas de varias enfermedades por el ministerio de John G. Lake. Se había concedido un permiso para que cincuenta automóviles y una banda de música participaran en el desfile. Los automóviles llevaban letreros en los que había escritos los nombres de las enfermedades de las que los ocupantes habían sido curados, como neumonía, diabetes, parálisis, reumatismo, herpes, eczemas, enfermedades nerviosas, empeines rotos, y más. El mismo Lake había dirigido el desfile testimonial, después del cual se realizó muy apropiadamente una reunión de milagros esa noche a las 8:00 de la tarde en una carpa levantada en las calles Ash y Chelan.

Leer acerca de este evento me hizo pensar: *¿Acaso no sería impactante tener un desfile de sanidad como ese alguna vez? ¿Cómo sería hacer un Día Global de Oración por los Enfermos, seguido de reuniones de sanidad y milagros realizados de forma simultánea en varias ciudades? ¡Hazlo de nuevo, Dios!*

EL GRAN PROPÓSITO DE LOS MILAGROS

El primer libro que escribió Mahesh Chavda se tituló *Only Love Can Make a Miracle* [Solo el Amor Puede Hacer un Milagro]. Ese título conlleva una verdad muy profunda. Solo Dios, que es Amor, puede hacer un milagro. Y solo creciendo en su amor podemos participar con Él para hacer milagros. Por eso la *compasión* fue un elemento tan importante en los milagros de Jesús, como en este ejemplo: "*Movido a compasión, extendiendo Jesús la mano, lo tocó* [al leproso], *y le dijo: Quiero; sé limpio*" (Marcos 1:41). La compasión es una expresión de amor, y las personas a las que Dios usa para hacer milagros verán que la compasión surge en sus corazones como respuesta a los impulsos del Espíritu. Los milagros son para bien. Dios quiere proteger y preservar, restaurar y edificar. Él quiere crear nuevos puntos de entrada para su reino de amor.

Antes, mencioné mi visita a Oral Roberts en su casa en California casi al final de su vida. El hermano Roberts era como un abuelo en la fe para todos los que estábamos en esa habitación. Yo tuve el honor de que mi hijo mayor, Justin, estuviera conmigo en esa ocasión tan especial, y Justin tuvo la oportunidad de hablar con él, sentado en la mesa otomana a los pies de Oral. "Quiero actuar en un nivel mayor de sanidades y milagros", le dijo.

Oral movió su cabeza y dijo: "Hijo, no sabes lo que estás pidiendo".

Pero mi hijo fue persistente. Finalmente, Oral cambió. Dejó de mover su cabeza y dijo: "Permíteme decirte esto: si quieres moverte en sanidades y milagros, entonces debes aprender a amar a los enfermos". En vez de orar por una impartición de poder o un don espiritual, Oral le contó el gran secreto: "aprender a amar a los enfermos". Según aprendemos a amar con el amor de Jesús, nos hacemos mucho más como Él. Nos acercamos más a Él, y podemos oír sus calladas palabras de instrucción. Después, si es necesario un milagro, estamos preparados.

El gran propósito de Dios es edificar su reino. Para ese fin, Él edifica a la gente que habita en su reino, y exalta su gloria a través de obras milagrosas para que más gente llegue a creer en Él y le siga. Desde tiempos antiguos, esto ha sido cierto. Los milagros y las plagas en Egipto tuvieron un propósito: la liberación y preservación del pueblo de Israel. De nuevo, cuando Jesús convirtió el agua en vino en la boda de Caná, fue una señal: "*Ésta, la primera de sus señales, la hizo Jesús en Caná de Galilea. Así reveló su gloria, y sus discípulos creyeron en él*" (Juan 2:11, NVI). Subsecuentemente, "*muchas otras señales hizo también Jesús en presencia de sus discípulos, que no están escritas en este libro; pero éstas se han escrito para que* **creáis** *que Jesús es el Cristo, el Hijo de Dios; y para que* **al creer**, *tengáis vida en su nombre*" (Juan 20:30–31).

Los milagros son para acompañar a la predicación del evangelio, actuando en conexión con el evangelismo para confirmar la obra de la cruz de Jesús y el poder de la Palabra de Dios. Este es el tema de la Gran Comisión:

> *Y [Jesús] les dijo: Id por todo el mundo y predicad el evangelio a toda criatura. El que crea y sea bautizado será salvo; pero el que no crea será condenado. Y estas señales acompañarán a los que han creído: en mi nombre echarán fuera demonios, hablarán en nuevas lenguas; tomarán serpientes en las manos, y aunque beban algo mortífero, no les hará daño; sobre los enfermos pondrán las manos, y se pondrán bien. Entonces, el*

Señor Jesús, después de hablar con ellos, fue recibido en el cielo y se sentó a la diestra de Dios. Y ellos salieron y predicaron por todas partes, colaborando el Señor con ellos, y confirmando la palabra por medio de las señales que la seguían.

(Marcos 16:15-20)

Jesús nos ha hecho colaboradores con Él mediante el poder para hacer milagros de su Espíritu Santo. Él no acapara todo lo emocionante; hasta este día, Él quiere que sus discípulos vean milagros y que sean la autopista de su poder que obra milagros en la tierra. Jesús dijo: *"En verdad, en verdad os digo: el que cree en mí, las obras que yo hago, él las hará también; y aun mayores que éstas hará, porque yo voy al Padre. Y todo lo que pidáis en mi nombre, lo haré, para que el Padre sea glorificado en el Hijo"* (Juan 14:12-13), y *"Todas las cosas son posibles para el que cree"* (Marcos 9:23).

¡Venga tu reino, Señor! En lo tocante a los milagros, aún no hemos visto nada, ¡comparado con la gloria que aún ha de ser revelada! Hazlo de nuevo en nuestras vidas, Espíritu Santo, ¡hoy!

Padre, te doy gracias y declaro que tú siempre eres bueno. Como tu naturaleza es de amor y generosidad, sé que has puesto a mi disposición, y a la de todos los creyentes, los dones del Espíritu Santo gratuitamente, mediante tu Hijo Jesucristo. Doy la bienvenida al don de hacer milagros en cada esfera de mi vida, y espero con expectación ver cómo liberas demostraciones de tu gloria en la iglesia y en la sociedad que me rodea. ¡Sigo anticipando que algo bueno, poderoso y sobrenatural está a punto de suceder! Amén.

SECCIÓN 4

DONES VOCALES: LOS DONES QUE HABLAN

El último grupo de dones se centra en los dones que articulan el pensamiento de Dios. En el capítulo 10 comenzamos con el don de varios tipos de lenguas. Explico que el don de lenguas para comunicarse personalmente con Dios se da a todos los creyentes, al margen de su trasfondo educativo. Sin que hayan estudiado un libro de lengua extranjera ni vivido en otro país, el Espíritu Santo les capacita para comenzar a hablar en otro idioma (lengua). Aunque no pueden entender lo que están diciendo, hablan con expresividad, fluidez y suavidad.

En este capítulo también trato asuntos importantes relacionados con el don de diversos tipos de lenguas, incluyendo por qué el Espíritu escoge conceder el don de lenguas a cualquier creyente que lo quiera, por qué deberíamos hablar en lenguas, y pautas específicas para usar las lenguas en un entorno de grupo para impedir que se use mal el don.

En el capítulo 11 pasamos al don de interpretación de lenguas. El propósito de este don es hacer que lo que se ha declarado en lenguas, en el contexto de una asamblea de creyentes, sea comprensible para los oyentes (y para el que habló en lenguas) en su lengua vernácula para que todos puedan ser edificados. Como ocurre con el don de lenguas, el don de interpretación de lenguas no tiene nada que ver con un conocimiento natural de las lenguas; la comprensión viene directamente del Espíritu Santo. Similar al capítulo previo, aquí aporto algunas pautas básicas para usar el don de interpretación de lenguas en una reunión de creyentes.

En el capítulo 12 concluimos nuestro examen de los dones del Espíritu con el don de profecía. Comienzo este capítulo con un punto clave que es especialmente relevante para los tiempos en que vivimos: las personas que han recibido el don de profecía no predicen necesariamente eventos del futuro. De hecho, la mayoría de las veces no lo hacen. Una profecía es una palabra breve y sobrenatural de esperanza y ánimo, a menudo personalizada y siempre en consonancia con la verdad de la Escritura. Tiene tres propósitos principales: edificar, exhortar y consolar.

En este capítulo final, doy un destello del don de profecía como operaba en la iglesia del Nuevo Testamento. Ver cómo se implementó el don en la iglesia primitiva nos da perspectivas de su propósito y uso y de cómo podemos crecer en nuestro uso del mismo. Finalmente, hago una lista de una variedad de formas en que la palabra profética se puede liberar o expresar para lograr su propósito. El propósito final de la profecía es liberar el testimonio de Jesús.

10

EL DON DE VARIOS TIPOS DE LENGUAS

"Varones judíos y todos los que vivís en Jerusalén, sea esto de vuestro conocimiento y prestad atención a mis palabras, porque éstos no están borrachos como vosotros suponéis, pues apenas es la hora tercera del día; sino que esto es lo que fue dicho por medio del profeta Joel: Y sucederá en los últimos días —dice Dios— que derramaré de mi Espíritu sobre toda carne...".
—Hechos 2:14–17

*S*i realiza una profunda investigación de la historia de la iglesia, encontrará que los dones espirituales nunca han llegado a cesar del todo, aunque a veces hayan menguado; como escribí anteriormente, han sido menospreciados por cristianos que creyeron que los dones cesaron después de la muerte de la primera generación de apóstoles. Repetidamente, el interés por los dones ha llegado en oleadas, y las oleadas y sus efectos de propagación han afectado a algunas partes de la iglesia más que a otras.

Actualmente, estamos surfeando una gran ola que tomó fuerza alrededor de 1900 con el derramamiento del Espíritu Santo en un humilde lugar en la calle Azusa en el sur de California y que ha resultado en "categorías" totalmente nuevas de cristianos: pentecostales (llamados así por el derramamiento del Espíritu el día de Pentecostés que narra Hechos 2) y carismáticos (llamados así por los dones espirituales o *carismata*). Aunque aún tenemos creyentes cesacionistas sinceros que afirman que los dones espirituales pasaron con el término y establecimiento del canon de las Escrituras, el crecimiento de la iglesia está explotando en todos los lugares donde se manifiestan los dones del Espíritu Santo. Estos dones vitales actúan como combustible para el fuego del crecimiento de la iglesia.

Las preguntas sobre los dones espirituales ya no se pueden responder de forma académica cuando la gente ve cómo florecen y dan fruto muchas ramas del Cuerpo de Cristo, todas ellas desarrollándose con el brillo de la presencia manifiesta de Dios. Muchos creyentes de las principales denominaciones en todo el mundo se consideran ya "Bauticostales", o "Metocostales", o "Presbicostales", o "Lutercostales". Y el pentecostalismo sigue extendiéndose rápidamente, en especial en el mundo desarrollado, debido a los esfuerzos misioneros focalizados de estas denominaciones. Cuando añadimos la emergente red global de iglesias y ministerios del movimiento de la Nueva Reforma Apostólica del siglo XXI, ¡se convierte en una explosión a gran escala! Yo soy parte de un equipo apostólico llamado Harvest International Ministries, el cual, en menos de veinte años ha crecido hasta incluir más de veinticinco mil nuevas iglesias en su red internacional. ¡Esto es solo un destello de lo que el Espíritu Santo está haciendo en nuestros días!

Los movimientos pentecostal, carismático, tercera ola y Nueva Reforma Apostólica han sido usados durante los pasados cien años para restaurar el don de lenguas de una forma asombrosa en todo el mundo. Algunos de los demás dones, como sanidades, milagros o profecía, puede parecer que en ciertos periodos han eclipsado el énfasis en el don de lenguas. Pero debido a la enseñanza bíblica y fundamental sobre el bautismo del Espíritu Santo, el don de lenguas no ocupará un lugar en la segunda fila; viene con el paquete de dones completo. Aunque en tiempos y épocas parezca haberse subrayado primero un don y después otro, eso no cambia el hecho de que todos y cada uno de los dones espirituales son válidos y están activos hoy.

"LENGUAS": ¿QUÉ ES ESO?

Imagino que muchos de los lectores de este libro ya conocerán acerca del don de lenguas, por lo general a través de experiencias de primera mano, porque las lenguas es un don para todo creyente en Cristo Jesús. Así como se espera que todo creyente sea lleno del Espíritu Santo, todo creyente tiene la opción de orar o hablar en lenguas. Algunas personas argumentan que hablar en lenguas es la única prueba válida e inicial de ser bautizado en el Espíritu. Yo no llego tan lejos, pero diría que es una evidencia que llegará, ¡y una evidencia muy buena, por cierto!

El don de lenguas es definitivamente milagroso. Es dado a las personas al margen de su trasfondo educativo; algunas personas que ejercitan el don quizá ni siquiera hayan aprendido a leer o escribir. Sin haber estudiado ningún libro sobre una lengua extranjera ni vivido en otro país, el Espíritu Santo les capacita para comenzar a hablar en otro idioma (lengua), y pueden continuar hablando en ese lenguaje, mediante un acto de su voluntad, cuando así lo decidan. No pueden entender lo que están diciendo, pero pueden hablar con expresividad, fluidez y suavidad. Su lengua en particular puede ser identificable como un lenguaje conocido, una de las *"lenguas humanas"* (1 Corintios 13:1), y en ocasiones un nativo de esa lengua puede entenderlo. O puede tratarse de un lenguaje celestial, una de las *"lenguas… angélicas"* (1 Corintios 13:1). Casi nunca la lengua dada por Dios a una persona es un lenguaje que la persona ha aprendido a hablar, ni siquiera en parte. Como escribió Kenneth Hagin: "Hablar en lenguas no tiene nada que ver con la capacidad lingüística… Es un milagro vocal del Espíritu Santo".[1]

Normalmente, los que hablamos en lenguas reservamos el don para uso en nuestros devocionales privados, pero algunos hablan movidos por el Espíritu en entornos de adoración, o muy ocasionalmente, en una situación secular pública. De vez en cuando, el Espíritu inspira a alguien a hablar temporalmente en una lengua totalmente distinta a la suya común para comunicarse con otra persona. Una vez, yo hablé en griego, y otros lo entendieron; desde entonces nunca más me ha vuelto a pasar eso, que yo sepa. También he conocido casos de hablar en ruso y coreano, así como en K'iche', una lengua usada por los habitantes indígenas de las tierras altas de Guatemala. (¡Le contaré esta historia en el siguiente capítulo!).

Algunas de las referencias del Nuevo Testamento a las lenguas tienen que ver con el uso público del don, mientras que otras tienen que ver solo con su uso devocional y privado. (Esto no implica que se trate de dos dones distintos. Cualquier persona que habla públicamente en lenguas también usa el don en privado[2]). Además de usar el don en devocionales privados, las personas también hacen oraciones de intercesión inspiradas por el Espíritu usando el don de lenguas. Así es como la mayoría de nosotros interpretamos el siguiente pasaje de las Escrituras:

> *Y de la misma manera, también el Espíritu nos ayuda en nuestra debilidad; porque no sabemos orar como debiéramos, pero el Espíritu mismo intercede por nosotros con gemidos indecibles; y aquel que escudriña los corazones sabe cuál es el sentir del Espíritu, porque Él intercede por los santos conforme a la voluntad de Dios.* (Romanos 8:26–27)

Los *"gemidos"* podrían referirse a las lenguas, pero también se podrían referir a algo más allá de las lenguas, porque una persona que ora de esta forma está demasiado abrumada como para hablar. *"Gemidos indecibles"* pueden ser como los dolores de parto cuando se da a luz, o como Jesús llorando ante la tumba de su amigo Lázaro. (Véase Juan 11:32–36). En cualquier caso, cuando no sabemos cómo orar, orar en lenguas es siempre una opción viable. Cuando usted ora en lenguas, está haciendo la oración perfecta, ya sea una oración de adoración o una oración de intercesión, ¡porque el Espíritu Santo está orando a través de usted!

Cuando una persona habla en una lengua, usa órganos vocales normales, pero la mente consciente no tiene parte en la operación del don. Sin embargo, cuando una persona se siente inspirada a hablar en lenguas públicamente, tales declaraciones idealmente deberían ir seguidas de una interpretación en la lengua nativa de los oyentes. (El capítulo 11 describe el don de interpretación de lenguas).

Como ocurre con los otros dones espirituales, recibir el don de lenguas no es una señal especial de favor de Dios, ni es una señal de un celo, compromiso o madurez superiores. Simplemente es una manifestación de la gracia de Dios dada a los creyentes para el bien común de la iglesia.[3] Para los creyentes llenos del Espíritu, hablar en lenguas es un fluir esperado de la llenura. (Véase, por ejemplo, Marcos 16:17; Juan 7:38–39; Hechos 1:8; 19:6).

La capacidad para hablar en lenguas representa un cumplimiento de la profecía declarada por Isaías (véase Isaías 28:11–12) y citada por Pablo en 1 Corintios 14:21: *"En la ley está escrito: Por hombres de lenguas extrañas y por boca de extraños hablaré a este pueblo, y ni aun así me escucharan, dice el Señor"*. Aunque las lenguas fueron dadas primero a los apóstoles y los otros creyentes que estaban reunidos en oración el día de Pentecostés, solamente la experiencia de ese grupo no cumplió la profecía. Hay un cumplimiento continuo de ella. El día de Pentecostés y en otras ocasiones, el don de lenguas demostró que las personas habían recibido el Espíritu Santo, y hasta la fecha, el don ha continuado aportando evidencia de que una persona ha recibido el Espíritu.

Los siguientes versículos muestran cómo la historia del don de lenguas se desarrolló en el comienzo de la iglesia primitiva cuando la escena de la acción pasó de Israel (Jerusalén) hacia el noroeste donde se hallaba la casa del centurión romano Cornelio en Cesarea y por todo el mar Mediterráneo hasta Éfeso, conocido hoy como Turquía:

Todos fueron llenos del Espíritu Santo y comenzaron a hablar en otras lenguas, según el Espíritu les daba habilidad para expresarse. Y había judíos que moraban en Jerusalén, hombres piadosos, procedentes de todas las naciones bajo el cielo. Y al ocurrir este estruendo, la multitud se juntó; y estaban desconcertados porque cada uno los oía hablar en su propia lengua.

(Hechos 2:4–6)

Y todos los creyentes que eran de la circuncisión, que habían venido con Pedro, se quedaron asombrados, porque el don del Espíritu Santo había sido derramado también sobre los gentiles, pues les oían hablar en lenguas y exaltar a Dios. Entonces Pedro dijo: ¿Puede acaso alguien negar el agua para que sean bautizados éstos que han recibido el Espíritu Santo lo mismo que nosotros? Y mandó que fueran bautizados en el nombre de Jesucristo. (Hechos 10:45–48)

Y aconteció que mientras Apolos estaba en Corinto, Pablo, habiendo recorrido las regiones superiores, llegó a Éfeso y encontró a algunos discípulos, y les dijo: ¿Recibisteis el Espíritu Santo cuando creísteis? Y ellos le respondieron: No, ni siquiera hemos oído si hay un Espíritu Santo. Entonces él dijo: ¿En qué bautismo, pues, fuisteis bautizados? Ellos contestaron: En el bautismo de Juan. Y Pablo dijo: Juan bautizó con el

bautismo de arrepentimiento, diciendo al pueblo que creyeran en aquel que vendría después de él, es decir, en Jesús. Cuando oyeron esto, fueron bautizados en el nombre del Señor Jesús. Y cuando Pablo les impuso las manos, vino sobre ellos el Espíritu Santo, y hablaban en lenguas y profetizaban.
(Hechos 19:1–6)

PROPÓSITOS DE HABLAR EN LENGUAS

¿Por qué cree que el Espíritu decide conceder el don de lenguas a cualquier creyente que lo quiera? Se me ocurren un montón de razones, y todas ellas las podemos encontrar en las Escrituras.

Para comenzar, orar y hablar en lenguas representan una comunicación personal con Dios, una comunicación que está garantizada que será acertada cada vez, a pesar de las limitaciones de nuestro entendimiento humano. La comunicación con Dios levanta nuestro espíritu cada vez. Pablo explicó: *"Porque el que habla en lenguas no habla a los hombres, sino a Dios... El que habla en lenguas, a sí mismo se edifica"* (1 Corintios 14:2, 4). Por eso Judas respaldó el uso del don de lenguas, el cual llamó "orar en el Espíritu": *"Pero vosotros, amados, edificándoos en vuestra santísima fe, orando en el Espíritu Santo"* (Judas 1:20). Y Pablo aconsejó: *"Orad en todo tiempo en el Espíritu"* (Efesios 6:18). El don de lenguas se puede usar, por lo tanto, para la comunión personal con Dios de forma continua. Las lenguas es un don vital para los miembros del cuerpo de Cristo; como la profecía, es útil para edificación, exhortación y consuelo, especialmente cuando se interpretan. (Véase 1 Corintios 14:3–5).

Las lenguas no es la única forma de orar en el Espíritu Santo, pero es una de las principales maneras. Tales oraciones conllevan adoración, por supuesto, y también frecuentemente incluyen intercesión por un individuo, un grupo de personas, o una situación. La mayoría de las veces, estas oraciones no requieren interpretación a un lenguaje que se entienda comúnmente, aunque yo a veces he repetido frases en lenguas hasta el punto de que le he pedido al Espíritu la interpretación para saber por qué estaba orando.

La oración intercesora en lenguas siempre da en el centro de la diana. No hace mucho, en Corea, participé en un ejemplo dramático de esta realidad. Acababa de predicar un mensaje titulado "Redescubriendo el don de lenguas" a varios miles de líderes de la iglesia coreana cuando alguien se acercó a mí en la plataforma y dijo: "Nos hemos enterado de que [un líder muy destacado] ha entrado en coma". Pedí a los cinco mil líderes de la audiencia que se pusieran en pie y lanzaran un asalto de oración en lenguas. Perdí totalmente la noción del tiempo, pero alguien que estaba allí me dijo que oramos sin parar haciendo guerra espiritual durante treinta minutos más o menos. Después la atmósfera cambió, y todos comenzaron a exaltar y alabar al Señor en el don de lenguas. Pudimos sentir el cambio, y supimos que habíamos entrado juntos en el don de fe. Toda la asamblea entró en una exaltación feroz de Dios. Poco después de que se terminara aquello, nos dijeron que el líder influyente había salido del coma durante ese tiempo.

Estoy convencido de que el Señor a menudo usa este modo de orar para reprender a las fuerzas de las tinieblas, que pueden comprender la represión sobrenatural incluso cuando los oradores no pueden hacerlo. Claro, en tales casos, la victoria a menudo se consigue mediante una combinación de oración en lenguas y los dones de fe y discernimiento.

Orar en lenguas es también una forma poderosa de expresar alabanzas victoriosas a Dios, usando palabras que son mucho mejores de las que podríamos escoger nosotros. Cuando se usa para alabar a Dios, este don es una herramienta sobrenatural que cambiará el clima espiritual, abriendo la atmósfera espiritual al poder de Dios, que hace posibles todas las cosas. Eso es lo que ocurrió cuando Pedro predicó en la casa de Cornelio. Durante el sermón de Pedro, el Espíritu Santo cayó sobre los oyentes gentiles, y comenzaron a hablar espontáneamente en lenguas, exaltando a Dios. (Véase Hechos 10:44–46).

Dios a veces usa el don de lenguas como una señal de su gloriosa presencia en una asamblea. Esto puede ser particularmente poderoso como una señal para incrédulos, y el don ha resultado ser muy eficaz en el campo misionero para convencer a los que aún no creen en Dios. *"Así que las lenguas son una señal, no para los que creen, sino para los incrédulos"* (1 Corintios 14:22). Como señal, el don de lenguas expone a los incrédulos a la realidad de que Dios está vivo y está involucrado personalmente en las vidas de sus hijos. También, las proclamaciones en lenguas desconocidas significan que la resurrección de Jesucristo realmente se produjo, que Él ha resucitado y ha sido glorificado. Pedro dijo a los atónitos creyentes el día de Pentecostés: *"Así que, exaltado a la diestra de Dios, y habiendo recibido del Padre la promesa del Espíritu Santo, [Jesús] ha derramado esto que vosotros veis y oís"* (Hechos 2:33). El don de lenguas fue una poderosa señal para los observadores el día de Pentecostés que sabían de cierto que ninguno de los galileos sin educación podría haber aprendido tantos idiomas distintos. (Véase Hechos 2:7–11). Como vemos en el primer episodio de masas hablando en lenguas, tales hechos sobrenaturales pueden resultar en un evangelismo asombrosamente eficaz. (Véase Hechos 2:41, 47).

Así que puede ver que aunque hablar en lenguas se podría considerar una de las primeras manifestaciones de ser lleno del Espíritu Santo (como un desbordar de la llenura), es más que eso. El don de lenguas es un medio de *seguir estando* lleno del Espíritu continuamente. Como mencioné en el capítulo 2, "gotearemos". Cada uno de nosotros sigue siendo una obra en construcción. Llevamos con nosotros el polvo de la tierra, y tenemos heridas y grietas. Además, por causa de otros, podemos derramar lo que contenemos del Espíritu, y entonces necesitamos volver a ser llenos. Créame que hablar y orar en lenguas no es la única forma de volver a ser llenos del Espíritu cuando nuestro pozo se seca, pero es una manera fácilmente accesible de "bombear". ¡Qué don tan maravilloso y multipropósito!

¿POR QUÉ DEBERÍA YO HABLAR EN LENGUAS?

Aceptar el don de lenguas es un reconocimiento de la aceptación personal del señorío de Jesús, en que requiere un total entrega incluso de nuestro miembro más "ingobernable": la lengua. (Véase Santiago 3:3–12). Desde el día de Pentecostés, hablar en lenguas ha demostrado ser una señal de arrepentimiento y de recepción del Espíritu:

> *Al oír esto* [el mensaje de salvación], *compungidos de corazón, dijeron a Pedro y a los demás apóstoles: Hermanos, ¿qué haremos? Y Pedro les dijo: Arrepentíos y sed bautizados cada uno de vosotros en el nombre de Jesucristo para perdón de vuestros pecados, y recibiréis el don del Espíritu Santo.*
> (Hechos 2:37–38; véase también Hechos 10:46–47)

Hay que volverse humilde y como un niño para hablar a Dios en lenguas, abandonando la autodeterminación y la autosuficiencia. (Véase, por ejemplo, 1 Corintios 1:18–31; Mateo 18:2–5). De una forma continua, el don de lenguas consigue mantener el orgullo a raya.

Cuando adoptamos una posición receptiva, infantil y dependiente, nuestro hablar en lenguas hace posible que Dios nos hable sobrenaturalmente incluso cuando le hablamos a Él, y esto trae edificación a los que están a nuestro alrededor. Una de las formas más estratégicas de edificar su fe es orando en el Espíritu Santo. Yo lo hago constantemente, siguiendo el consejo de Pablo, que escribió: "*Doy gracias a Dios porque hablo en lenguas más que todos vosotros*" (1 Corintios 14:18).

¿Por qué debería usted hablar en lenguas? Dadas todas las buenas razones descritas arriba, ¿por qué *no* iba usted a hablar en lenguas? Es uno de los mejores dones de Dios, y el hecho de que Dios sea tan generoso demuestra lo importante que es. A veces, las personas comienzan a pensar que las lenguas son solo un don espiritual corriente, y por lo tanto, de menor importancia. Sin embargo, la razón por la que el don de lenguas no es el menor de los dones es que es como una rampa hacia la autopista para los demás dones. Cuanto más ora en lenguas, más podrá saber qué está haciendo el Espíritu de Dios y cómo quiere que usted participe con Él de ello.

Mencioné en el capítulo 2 que el Señor una vez me dijo que si oraba en lenguas durante dos horas seguidas, Él me daría un espíritu de revelación. Al principio, me resultó difícil estar orando en lenguas tanto tiempo. Después el Señor me ayudó a ver que como yo era cantante antes de ser predicador, podía cantar y adorar en lenguas y hacerlo durante largos periodos de tiempo sin que me resultara cansado. Descubrí que podía orar y cantar o adorar en lenguas durante horas sin parar. La revelación fluyó como resultado de ello; y a lo largo de mi ministerio, pude bendecir ricamente a muchas personas. Para mí, adorar y orar en el don de lenguas sinceramente no es mucho trabajo, ¡sino una total delicia!

No puedo seguir esta práctica con toda la regularidad que me gustaría debido a mis viajes, mi escritura y mis responsabilidades adicionales, como equipar a otros creyentes para usar sus dones espirituales. Pero sigue siendo una práctica que valoro mucho, y cuando Dios indica que quiere que yo adore y ore en lenguas durante horas un día, me pongo inmediatamente a hacerlo. Es un honor hacerlo, ¡y es una eficaz herramienta del Espíritu Santo!

PAUTAS PARA HABLAR EN LENGUAS

En 1 Corintios, Pablo escribió pautas muy explícitas para hablar en lenguas, tanto en privado como en reuniones públicas de la iglesia, y su consejo no es solo para la iglesia de Corinto a la que envió esta carta. Él reconoció que no todo el que ejercita una lengua en comunión privada con Dios ejercitará también el ministerio público de las lenguas. (Véase 1 Corintios 12:29-30). También indicó que en una asamblea pública, está fuera de lugar hablar en voz alta en una lengua sin que Dios le incite mediante una guía especial y sin dar la interpretación:

> *Doy gracias a Dios porque hablo en lenguas más que todos vosotros; sin embargo, en la iglesia prefiero hablar cinco palabras con mi entendimiento, para instruir también a otros, antes que diez mil palabras en lenguas... Si alguno habla en lenguas, que hablen dos, o a lo más tres, y por turno, y que uno interprete; pero si no hay intérprete, que guarde silencio en la iglesia y que hable para sí y para Dios.*
>
> (1 Corintios 14:18-19, 27-28)

En otras palabras, no hay ningún problema en orar en lenguas para usted mismo en una reunión de iglesia, eso no está prohibido en absoluto. De hecho, ¡se anima a que se haga! Pero hablar en lenguas sin freno puede estar fuera de orden cuando se hace en el entorno erróneo. Las declaraciones públicas en lenguas deberían producirse dentro de las pautas del fruto del Espíritu (véase Gálatas 5:22-23), y deberían ser interpretadas al idioma comúnmente entendido. Una reunión de oración de intercesión, sin embargo, es un lugar apropiado para participar en una oración en el Espíritu colectiva e incluso en voz alta. Como compartí en la historia de Corea, produce resultados, ¡y nunca deberíamos limitar a Dios!

Como mencioné anteriormente, también creo que hay momentos apropiados para *cantar* colectivamente en lenguas, o cantar en el Espíritu, cuando un grupo de personas deja de usar su lenguaje común para adorar en oración y canto para cantar en lenguas colectivamente, armonizando en el Espíritu. A veces ocurre que esto conlleva interpretación, cuando una persona canta en el

Espíritu y otra persona canta la interpretación. Pero cuando todo un grupo de personas cantan juntas en el Espíritu, la mayoría de las "letras" serán en lenguas sin interpretar, lo cual crea una maravillosa atmósfera de pura adoración. Muchas veces he estado presente en una reunión en la que esta forma de adoración colectiva ha tenido como resultado un "entorno de gloria" del Señor descendiendo sobre la gente. Un pedacito del cielo desciende a la tierra, ¡y no hay nada semejante a eso! ¡Así que únase a mí hoy y cante en el Espíritu!

Las pautas para hablar en lenguas, por lo tanto, dependerán siempre de la situación. Deberíamos respetar el protocolo de la casa de adoración en particular. *"No prohibáis hablar en lenguas. Pero que todo se haga decentemente y con orden"* (1 Corintios 14:39–40). *"Decentemente y con orden"* significa distintas cosas en distintos lugares. En muchas iglesias pentecostales y carismáticas, si la gente siente que el Espíritu Santo se está moviendo, la adoración hablando en lenguas surgirá por toda la sala, y nadie se ofenderá. Nunca es un error seguir la instrucción de Pablo: *"Empéñense en seguir el amor y ambicionen los dones espirituales"* (1 Corintios 14:1, NVI). Seguir el amor significa estar cerca del Espíritu de Cristo Jesús, quien nos ayudará a navegar por las tormentas, equipándonos con las palabras justas que necesitemos en cada etapa del viaje.

¡Señor, tengo hambre y sed de más de ti! Dame un fresco bautismo del Espíritu Santo y aviva en mí el don de orar, adorar y hablar en lenguas. Quiero todo lo que tienes para mí. Quiero edificarme en mi más santísima fe. Por favor, libera todos los dones del Espíritu Santo en mi vida y en las vidas de los miembros de mi familia. Envía el Espíritu ahora más poderosamente en mi iglesia, mi ciudad y mi región, por causa de Jesucristo. Amén.

EL DON DE INTERPRETACIÓN DE LENGUAS

"Por tanto, el que habla en lenguas, pida en oración para que pueda interpretar".
—1 Corintios 14:13

En el Antiguo Testamento aparecieron manifestaciones de los otros siete dones principales del Espíritu, pero los dones de lenguas e interpretación de lenguas no parecen mencionarlos los primeros escritores salvo para profetizar acerca de ellos. Como observé en el capítulo anterior, Pablo hizo la conexión cuando citó Isaías 28:11–12 en su instrucción sobre las lenguas a la iglesia en Corinto en 1 Corintios 14:21. El don de interpretación de lenguas es, por lo tanto, característico del cristianismo desde el día de Pentecostés, junto al don de lenguas.

Este don tiene una relación especial con el bautismo del Espíritu Santo, lo cual ocurrió por primera vez en Pentecostés. En esa ocasión, muchas de las lenguas que los discípulos hablaron en voz alta simultáneamente fueron entendidas por los oyentes que se habían reunido en las calles. Jerusalén estaba llena de visitantes de muchas otras naciones, y el relato de Lucas en Hechos nos dice que todos ellos escucharon las buenas noticias proclamadas en sus propios idiomas. Por si este milagro fuera pequeño, Pedro comenzó a predicar en el lenguaje que la mayoría de ellos tenía en común, aportando esencialmente una interpretación o entendimiento más completo de los mensajes de proclamación que se habían declarado en lenguas.

DEFINIR EL DON DE INTERPRETACIÓN DE LENGUAS

Derek Prince escribió: "La interpretación no se debe entender necesariamente como si fuera una traducción palabra por palabra, sino más bien una entrega del sentido general de lo que se dijo en la lengua".[1] John Wimber y otros han llamado a esto un "equivalente dinámico".[2] El propósito del don es hacer que lo que se proclamó en dichas lenguas sea entendible para los oyentes (y para el que habló en lenguas) en su lengua vernácula, a fin de que todos puedan ser edificados.[3] Obviamente, la operación del don depende no solo del Espíritu Santo sino también de la acción de la persona de hablar en lenguas inmediatamente antes de la interpretación.[4] Como ocurre con el don de lenguas, el don de interpretación de lenguas "no tiene nada que ver con la capacidad lingüística natural"; la comprensión viene directamente del Espíritu Santo.[5]

Con Sam Storms, estoy convencido de que el don de interpretación de lenguas quizá sea el menos tenido en cuenta de los principales dones del Espíritu Santo.⁶ No hemos comenzado ni siquiera a descubrir el poder de este don, ¡y tenemos que hacerlo! Cuanto menos, nos ayuda a entender qué estamos orando o cantando en el Espíritu, pero es incluso más valioso que eso. Pablo escribió: *"Oraré con el espíritu, pero también oraré con el entendimiento; cantaré con el espíritu, pero también cantaré con el entendimiento"* (1 Corintios 14:15). Necesitamos más de esto hoy, tanto en reuniones colectivas como en nuestros devocionales privados. Estoy hablando de algo más que aquello a lo que estamos acostumbrados en nuestras reuniones donde hay lenguas e interpretación. Cuando alguien habla un mensaje en lenguas y después, tras un espacio de quizá quince segundos, alguien da la interpretación, eso es válido, pero es solo una aplicación del don de interpretación de lenguas. Limitarnos solamente a esa aplicación parece limitar el libre movimiento del Espíritu Santo.

El difunto Oral Roberts solía llevar a personas a hacer un recorrido por la Universidad Oral Roberts, y decía: "¿Ven todo esto? Todo esto se construyó orando en lenguas". Él recibió la visión de construir orando en lenguas y después interpretando sus propias lenguas para sí mismo. De hecho, él recomendaba que las personas aprendieran a hacer eso orando en lenguas durante cinco minutos, y después dejaran de hablar y comenzaran a hablar en su lengua nativa, lo cual enseñaba él que sería o bien una interpretación del misterio que la persona acababa de orar en lenguas o una oración profética, ambas cosas de mucho beneficio para la calidad de la oración.

Aunque quizá este don se pase un poco por alto hoy, Pablo no lo hacía, ya que no menospreciaba el don de lenguas. De hecho, habló de estos dos dones y discutió sobre ellos mucho más a menudo de lo que lo hizo con los demás dones. Por encima de todo, animó a todos a usar los dones del Espíritu mediante el amor de Dios. (Véase 1 Corintios 13). Quería que el amor fuera nuestro principal objetivo en todo lo que hiciéramos. ¿Y usted?

PAUTAS PARA LA INTERPRETACIÓN DE LENGUAS

El don de interpretación de lenguas opera de modo diferente en los distintos creyentes. Tiene "*diversidad de operaciones*", como traduce la versión Reina Valera 1960 las palabras de Pablo en 1 Corintios 12:6: "*Hay diversidad de operaciones, pero Dios, que hace todas las cosas en todos, es el mismo*". Para algunas personas, una interpretación llega a la mente como una frase introductoria, y ellos deben "lanzarse en fe" antes de recibir el resto, mientras que otros oyen palabras y frases completas en sus mentes, o ven palabras escritas en un rollo o una pantalla en el ojo de su mente. Aún otros reciben visiones y comienzan a relatarlas en sus propias palabras; o quizá llega a su mente un pensamiento general, el cual "visten con palabras que ellos mismos escogen", según les guía el Espíritu Santo. Cada modo de actuación depende de la fe en un grado importante. Si usted se queda sentado esperando que le llegue a su mente todo un mensaje completo, quizá se quede ahí sentado hasta que sea demasiado tarde, porque no es así como funciona.[7]

Un mensaje de exhortación que llega mediante lenguas e interpretación es lo mismo que una profecía, y se debería juzgar según los mismos estándares. (Kenneth Hagin solía decir que si la profecía es como una moneda de diez, entonces las lenguas más la interpretación a menudo pueden ser como dos monedas de cinco). Sin embargo, este equivalente de profecía, que se puede llamar "lenguas de exhortación", o "lenguas de mensaje", no es lo mismo que las "lenguas de misterio" usadas para los devocionales personales. Pablo trazó este contraste cuando escribió:

> *Porque el que habla en lenguas no habla a los hombres, sino a Dios, pues nadie lo entiende, sino que en su espíritu habla misterios. Pero el que profetiza habla a los hombres para edificación, exhortación y consolación. El que habla en lenguas, a*

sí mismo se edifica, pero el que profetiza edifica a la iglesia.
(1 Corintios 14:2–4)

Las pautas de Pablo para usar las lenguas y la interpretación en las reuniones de iglesia sirven para lenguas de exhortación o lenguas de mensajes solamente, no para el uso personal del don, en el que el significado de las palabras a menudo se queda como un misterio. (Véase 1 Corintios 14:26–32[8]).

Ahora bien, un mensaje en lenguas y su interpretación no necesariamente tienen que venir de dos personas distintas. Si es necesario, la persona que da el mensaje en lenguas puede orar para recibir una interpretación y continuar y hablar en voz alta, ya sea en una reunión pública adecuada o de forma privada. En algunos ministerios esta práctica no se fomenta, pero creo que deberíamos dejar espacio para cada don y operación del Espíritu Santo, abrazándolos en vez de apagarlos. ¡No encierre a Dios en una caja! Si lo hace, ¡es posible que salga de ella con fuerza!

En reuniones que están orientadas hacia el evangelismo, a las que uno espera que asistan los no creyentes, puedo entender un poco más que estos dones se mantengan un tanto fuera de la vista. Pero según mi perspectiva, este no es el caso en las reuniones que están orientadas principalmente a creyentes. Creo que las pautas finales deberían proceder de los líderes de cada reunión. Lea el consejo de Pablo aquí debajo, teniendo en mente el contraste entre lenguas devocionales sin interpretación usadas en un entorno de adoración en comparación con las lenguas de exhortación interpretadas, o lenguas con mensaje:

Así que las lenguas son una señal, no para los que creen, sino para los incrédulos; pero la profecía es una señal, no para los incrédulos, sino para los creyentes. Por tanto, si toda la iglesia se reúne y todos hablan en lenguas, y entran algunos sin ese don o son incrédulos, ¿no dirán que estáis locos? Pero si todos profetizan, y entra un incrédulo, o uno sin ese don, por todos

será convencido, por todos será juzgado; los secretos de su corazón quedarán al descubierto, y él se postrará y adorará a Dios, declarando que en verdad Dios está entre vosotros.
(1 Corintios 14:22–25)

Solamente para ser muy claro, no estoy en absoluto descartando la interpretación de lenguas devocionales. De hecho, a una persona que está orando misterios a Dios en lenguas le puede resultar muy edificante oír una interpretación de la oración que acaba de hacer, al margen de que la oración fuera alabanzas celestiales de Dios o guerra espiritual. He estado en reuniones en las cuales las lenguas y la interpretación salen casi como una conversación. (Esto funciona especialmente bien en reuniones de liderazgo o grupos más pequeños, como grupos de hogar). Uno habla en lenguas y otro interpreta, dándose relevos, pasando de uno a otro, con temas desde alabanzas y profecías a revelaciones de aquello por lo que se acaba de orar. Puede practicar esto cuando esté solo hasta que se sienta más libre haciéndolo. Yo haría en público solo lo que he practicado en privado. Recuerde, no obstante, que los dones espirituales son herramientas, ¡no juguetes!

DIVERSIDAD DE LENGUAS, DIVERSIDAD DE INTERPRETACIONES

Ahora bien, hay diversidad de dones, pero el Espíritu es el mismo. Y hay diversidad de ministerios, pero el Señor es el mismo. Y hay diversidad de operaciones, pero es el mismo Dios el que hace todas las cosas en todos. Pero a cada uno se le da la manifestación del Espíritu para el bien común. Pues a uno le es dada… diversas clases de lenguas, y a otro, interpretación de lenguas. Pero todas estas cosas las hace uno y el mismo Espíritu, distribuyendo individualmente a cada uno según la voluntad de Él.
(1 Corintios 12:4–8, 10–11;
véase también Romanos 12:3–8)

La idea clave es diversidad, una variedad interminable de lenguajes y una variedad ilimitada de interpretaciones, según uno es inspirado y señalado por el Espíritu Santo. De nuevo, en situaciones públicas las personas no hablan en lenguas o interpretaciones siempre que desean, sino solo según son guiados por el Espíritu a hacerlo. La orquestación depende de Dios.

Los límites son importantes. Por eso Pablo escribió estas instrucciones: *"Si alguno habla en lenguas, que hablen dos, o a lo más tres, y por turno, y que uno interprete; pero si no hay intérprete, que guarde silencio en la iglesia y que hable para sí y para Dios"* (1 Corintios 14:27-28). En un entorno de iglesia, dos o tres mensajes son por lo general suficientes para que la asamblea entienda claramente la idea de lo que el Señor está diciendo. (De nuevo, este consejo se aplica solamente para el uso público del don de lenguas e interpretación, no para el uso devocional privado). Si varias personas están involucradas en dar el mensaje, se pueden recibir y apreciar matices extra de las palabras de Dios, y ninguna persona puede afirmar ser el centro de atención.

Como hay siempre más personas que hablan en lenguas que personas que pueden interpretar un mensaje en lenguas, hemos recibido una invitación a orar por este don de interpretación: *"Por tanto, el que habla en lenguas, pida en oración para que pueda interpretar"* (1 Corintios 14:13). Recuerde: es un don dado por Dios, no algo que una persona puede estudiar como lo haría para aprender un lenguaje extranjero. La interpretación de lenguas es muy parecido al don de profecía, para el cual también se nos invita a que lo pidamos: *"Procurad alcanzar el amor; pero también desead ardientemente los dones espirituales, sobre todo que profeticéis"* (1 Corintios 14:1).

Recuerde, también, que la interpretación no es lo mismo que traducir palabra por palabra. Si el mensaje se cantó, por ejemplo, la interpretación puede ser también cantada o no, y el tono podría ser también distinto. Como antes de ser predicador fui cantante, a menudo me lanzo cantando en el Espíritu para que la congregación se lance a un nivel de participación más elevado, al cantar ellos también en el Espíritu. Esto ayuda a crear una atmósfera de revelación en la que quizá yo termino interpretando la canción colectiva que se acaba de cantar. Créame, ¡es maravilloso!

La interpretación a menudo es más larga o más corta que el mensaje recibido en lenguas. El mejor ejemplo bíblico de esto es la interpretación de Daniel de las misteriosas palabras: *"Mene, mene, tekel ufarsin"*, su interpretación fue unas nueve veces más larga que el mensaje original. (Véase Daniel 5:24–28). A veces, la gente sospecha que una interpretación es incorrecta porque el mensaje en lenguas duró tres minutos y la interpretación duró quince segundos. Pero solamente piense: el mensaje en lenguas quizá repitió lo mismo tres veces, y la interpretación quizá solo lo resumió. O quizá las lenguas fueron un lenguaje "locuaz" y el mensaje en lenguas no requirió tantas sílabas para interpretarlo al lenguaje nativo. Como los lenguajes a veces difieren unos de otros de formas significativas, el tiempo necesario para expresar la esencia de un mensaje puede variar mucho de un lenguaje a otro. Hay tanta diversidad dentro de los dones de lenguas e interpretación, ¡que solo Dios puede conocer todas las posibilidades!

EL DON DE INTERPRETAR LENGUAJES CONOCIDOS SIN APRENDERLOS

Hay una señora en Kansas City que ha recibido la habilidad sobrenatural de interpretar lenguas conocidas sin aprenderlas. Antes era parte de un grupo que hospedaba a un sacerdote católico de Italia lleno del Espíritu. No habían acordado tener intérprete, así que cuando él comenzó a hablar, ella interpretó lo que dijo. Después de eso, ella terminó visitando su grupo de franciscanos en Italia, y pudo leer y traducir de un documento antiguo que estaba escrito en italiano antiguo, el mismo tipo de dialecto italiano que hablaba San Francisco de Asís. Ella nunca antes había oído italiano. Los frailes franciscanos podían entenderla perfectamente: ella les estaba llamando a regresar a sus orígenes.

Una vez, yo estaba ministrando en la ciudad de Guatemala, hablando en una reunión de líderes, y sentí que debíamos orar en lenguas en voz alta juntos durante quince minutos. Así que comenzamos a hacer eso, y como yo estaba delante, estaba orando en el micrófono. De repente, Harold Caballeros, el principal líder apostólico del grupo, me detuvo. "¿Sabes lo que estás diciendo?", me preguntó en inglés. Harold conoce unos cuantos idiomas.

"Bueno", dudé. "Estoy hablando en lenguas".

Harold levantó dos dedos. "Estás hablando dos idiomas distintos", dijo. "En primer lugar, estás hablando coreano. Segundo, estás hablando K'iche', el idioma original de la gente de las tribus de la sierra de América Central". (El nombre de ese lenguaje me sonaba como la palabra *quiche*; nunca antes lo había oído).

Eso fue increíble, por supuesto, pero permítame contarle lo que sucedió después. Todos salimos al Congreso Mundial sobre Evangelismo, que se celebraba en un centro de convenciones en la ciudad de Guatemala. Yo estaba hablando en el estrado cuando descendió una unción sobre mí para hablar en lenguas. Casi de inmediato, unos cien hombres y mujeres bajitos pasaron corriendo al frente, todos vestidos con ropa hecha del mismo tejido, algo que les identificaba como gentes del mismo pueblo. Aparentemente, yo estaba hablando de nuevo K'iche', y evidentemente los había llamado a todos a pasar al frente. En este caso, no fue necesario que el mensaje en lenguas fuera interpretado, porque esos hombres y mujeres que hablaban K'iche' pudieron entender cada palabra. El Espíritu Santo descendió sobre ellos como grupo, y fueron inundados con el glorioso poder de Dios.

SEA SENSIBLE AL ESPÍRITU

Ninguna interpretación de lenguas fue necesaria en los ejemplos anteriores. Ninguna interpretación fue necesaria tampoco el día de Pentecostés, porque el pueblo pudo entender fácilmente los mensajes hablados en su propio idioma nativo. Pero para situaciones donde es necesaria la interpretación, es bueno estar preparado. Y la única forma de poder estar preparado es crecer en nuestra experiencia de responder al Espíritu Santo, el cual edifica nuestra confianza además de edificar nuestros "músculos espirituales".

Pida al Espíritu que construya sobre su don de lenguas concediéndole el don de interpretación de lenguas. Avive el don y aprenda algo nuevo de cada ocasión. El Señor a menudo se moverá de forma fuerte y clara cuando usted es un principiante, y después, a medida que usted aprende a ser sensible a sus señales, y su confianza crece, la intensidad remitirá.

Usted no tiene que preocuparse por la interpretación cuando está hablando en su "lengua de misterios" personal en sus tiempos a solas con Dios. En esos momentos, es perfectamente correcto perderse en Dios y orar y cantar en el Espíritu (aunque nunca es "ilegal" conseguir una interpretación de sus propias lenguas). Pero intente crecer en su sensibilidad a la voz de Dios para esos tiempos en que un mensaje público en lenguas necesita una interpretación.

UN TESTIMONIO DE IMPARTICIÓN

Recientemente, había terminado una terapia física y me encontraba de camino al supermercado para hacer compras para la fiesta de cumpleaños de mi hija mayor. Ella quería tarta de queso y chocolate, y yo sabía dónde encontrar la mejor tarta de queso y chocolate, pero mientras salía del estacionamiento de la terapia física, vino a mi mente el nombre de otro supermercado distinto. Yo pensé: *Eso no tiene sentido… Esa no es la mejor tienda*. Pero el nombre seguía llegándome como una palabra de conocimiento persistente. Así que me dirigí a la tienda donde sabía que no tendrían lo que yo quería comprar.

Cuando llegué y entré por las puertas correderas de cristal, allí mismo había una mamá joven con dos hijos, mirándome. Ella se acercó a mí lentamente y me preguntó si yo era James Goll. Respondí con un poco de humor, diciendo: "A veces". Ella se iluminó como un árbol de Navidad y comenzó a hablar a mil por hora. Sus dos niños miraban a su dulce mamá con mucha intención mientras ella cobraba cada vez más energía.

Entonces comenzó a decirme que estaba muy hambrienta de más del Señor y que había surfeado por Internet a medianoche la noche anterior buscando algo que le ayudara. También me contó que pertenecía a una iglesia que enseña que los dones del Espíritu Santo, y especialmente el don de lenguas, son "del diablo". Yo sonreía mientras escuchaba.

Ella exclamó: "Y entonces vi ese programa de televisión anoche donde una mujer llamada Patricia King y un hombre llamado James Goll estaban hablando sobre el poder de hablar en lenguas. Yo le dije al Señor: 'Si esto viene de ti, ¡yo lo quiero!'". Entonces fue bautizada inmediatamente en el Espíritu Santo y comenzó a hablar en lenguas. ¡Siguió hablando en lenguas hasta las 3:00 de la mañana!

Yo procedí a decirle más: "Ahora bien, cuando comenzó a hablar, era algo parecido al francés, ¿no es así? Y después cambió y pasó a ser algo parecido a un lenguaje asiático, ¿correcto? Después llegó sobre usted una unción guerrera, y comenzó a interceder en el don de lenguas por su familia. ¿Es así?". Ella estaba muy emocionada. Yo le había confirmado e interpretado su experiencia. ¡Estábamos a punto de tener una reunión de avivamiento allí en medio del pasillo del supermercado!

"Sí, ¿cómo lo sabe?", preguntó ella.

"Oh, a veces sencillamente sé estas cosas", respondí.

Ella siguió contándome que después de tres horas de hacer eso, había clamado al Señor, diciéndole: "Señor, si esto es tuyo, permíteme conocer a ese loco James Goll hoy".

"Bueno, pues aquí estoy", afirmé yo. "Y el Espíritu Santo me dirigió a venir aquí. Por cierto, ¿sabe dónde puedo comprar una tarta de queso?". Yo conseguí aquello que había ido a buscar, y ella recibió una confirmación de que su experiencia era auténtica.

Pocas semanas después, estaba ministrando en una iglesia vibrante y nueva llena del Espíritu en mi área local, y estaba firmando libros al final. Esta misma mujer me sorprendió acercándose a la mesa muy emocionada. ¡Me contó que ahora asistía a esa iglesia!

¡Es divertido! Yo tan solo buscaba una tarta de queso. Ella estaba buscando "más del Señor".

USE SU DON

¿Es su turno de ejercitar el don de interpretación de lenguas? ¿Está usted "recibiendo algo"? Practique en casa. Practique mientras hace la colada o limpia su automóvil. Practique mientras va orando por las calles de su vecindario. Primero, ore en el Espíritu y cante en el Espíritu. Después cambie del don de lenguas al don de interpretación de lenguas. Ore y cante con su entendimiento. Serán revelados misterios. Las oraciones serán entendidas. La revelación llegará. Puede producirse evangelismo.

Los milagros están esperando a producirse cuando usted aprenda a alternar pasando de lo natural a lo sobrenatural, ¡y de lo sobrenatural a lo natural!

Señor, estoy agradecido por el hecho de que estás derramando los dones de tu Espíritu Santo por todo el globo terráqueo. Declaro que estoy hambriento y sediento de más de ti. Guíame a las formas de orar en el don de lenguas y de interpretar mis oraciones con un entendimiento claro. Libera nuevos niveles de poder. Libera a través de mí expresiones frescas de ser guiado por tu Espíritu, con tu fruto y tus dones igualmente mezclados. Decido dejar que el amor sea mi objetivo, y deseo fervientemente tus dones espirituales. ¡Gracias, Señor, por poder vivir en un tiempo como este! Amén.

12

EL DON DE PROFECÍA

"Pues ninguna profecía fue dada jamás por un acto de voluntad humana, sino que hombres inspirados por el Espíritu Santo hablaron de parte de Dios".
—2 Pedro 1:21

Quizá le sorprenda saber que las personas que han recibido el don de profecía no predicen necesariamente eventos futuros. De hecho, la mayoría de las veces no lo hacen. ¡Y la mayoría de los que profetizamos nunca hemos pensado en llevar una camisa de piel estilo Juan el Bautista! A pesar de los retratos populares de los profetas como moradores del desierto solitarios, los profetas de hoy son miembros comunes del cuerpo de Cristo que tienen la capacidad de presentar un claro "informe humano de una revelación divina".[1]

DEFINICIÓN DEL DON DE PROFECÍA

Como ha dicho Derek Prince, los profetas son quienes han aprendido a poseer y cultivar una "capacidad impartida sobrenaturalmente para oír la voz del Espíritu Santo y declarar la mente y el consejo de Dios... no solo a la asamblea de creyentes, sino también a individuos". ¿Cómo es un típico mensaje profético? Dicho en un tono de voz normal, las profecías son palabras breves y sobrenaturales de esperanza y ánimo, a menudo personalizadas y siempre en consonancia con la verdad de la Escritura. Tienen tres propósitos principales: (1) *edificar*, o levantar, a los oyentes para fortalecerlos en su fe y hacer que sean más eficaces para alcanzar a otros; (2) *exhortar* o animar (lo cual puede incluir advertir y motivar); y (3) *consolar*, o "alegrar", a aquellos a quienes se les ha dado la palabra. Así, podemos ver que la profecía es de un valor incalculable como medio de vencer "dos de las armas más grandes y usadas con más frecuencia contra el pueblo de Dios... condenación y desánimo".[2]

Las profecías se declaran en el lenguaje común del profeta y de los oyentes, en vez de en lenguas desconocidas. En el Nuevo Testamento, el verbo griego para *profecía*, *profeteia*, "significa 'declarar la mente y el consejo de Dios'".[3] La profecía pone las intenciones y los propósitos de la mente de Dios en palabras que todos pueden entender. En el Antiguo Testamento, la palabra hebrea traducida a menudo como el verbo *profetizar* es *nābâ*, que significa "hablar (o cantar) mediante inspiración (en predicción o simple discurso)".[4] Incluso mientras son proclamados, los mensajes proféticos permanecen bajo el control del que habla, cuya propia mente y voluntad participan totalmente; no se lanzan de manera espontánea.

Como ocurre con los otros dones, el don de profecía nunca debería considerarse una habilidad, una aptitud o un talento. Es un otorgamiento sobrenatural. Los profetas dicen palabras que les ha dado el Espíritu para una situación concreta, y dejan de hablar cuando las palabras se acaban. Debería destacar que la profecía no está limitada a decir frases; a veces las profecías llegan en forma de poesía (piense en muchos de los profetas del Antiguo Testamento), y a veces llegan con un tono de acompañamiento, como una canción.⁵

LA PROFECÍA EN EL NUEVO TESTAMENTO

El don de profecía aparece en todas las listas bíblicas de dones espirituales (véase 1 Corintios 12:10; Efesios 4:11; Romanos 12:6), y se mencionan múltiples veces a los profetas/profetisas a lo largo del Nuevo Testamento (véase Lucas 2:36; 7:24-28; Hechos 11:27-28; 15:32; 21:9-11). El sacerdote Zacarías, el padre de Juan el Bautista, *"fue lleno del Espíritu Santo, y profetizó"* (Lucas 1:67) sobre su hijo bebé, anunciando que crecería y se convertiría en un profeta: *"Y tú, niño, serás llamado profeta del Altísimo; porque irás delante del Señor para preparar sus caminos"* (Lucas 1:76; véanse versículos 67-80 para leer toda la profecía de Zacarías). Aquel cuyos caminos preparó Juan, y a quien anunció, era el tan ansiado Mesías, Jesús, cuya vida y muerte cumplió tantas profecías del Antiguo Testamento, que se han dedicado un gran número de libros a este tema.

Después de que Jesús resucitó y ascendió al cielo, y después de que su Espíritu fuera derramado sobre sus discípulos, las profecías jugaron un papel importante en el continuo desarrollo del cuerpo de creyentes que Él había dejado para llevar a cabo su tarea. Los líderes de la iglesia primitiva confiaron mucho tanto en la oración como en la profecía mientras dirigían el crecimiento de la joven iglesia. Muchos de ellos podían profetizar, pero los nombres de los profetas concretos no se dan muy a menudo. Por ejemplo, cuando una palabra profética seleccionó a Bernabé y a Saulo para una tarea especial, el escritor del Evangelio, Lucas, simplemente declaró que *"el Espíritu Santo dijo"*, sin dar el nombre del profeta a través del cual lo dijo: *"Mientras ministraban al Señor y ayunaban, el Espíritu Santo dijo: Apartadme a Bernabé y a Saulo para la obra a la que los he llamado"* (Hechos 13:2). La palabra profética que recibieron para Saulo y Bernabé fue de dirección; les dijo lo que hacer y cómo hacerlo.

Más adelante, unas profecías revelaron el ministerio de Timoteo, y le fortalecieron en la guerra espiritual al cumplir su ministerio. Lo vemos en la primera carta de Pablo a Timoteo:

> *Timoteo, hijo mío, te doy este encargo porque tengo en cuenta las profecías que antes se hicieron acerca de ti. Deseo que, apoyado en ellas, pelees la buena batalla y mantengas la fe y una buena conciencia.* (1 Timoteo 1:18–19, NVI)

Trayendo a la mente las palabras proféticas del Señor, Timoteo pudo levantar *"la espada del Espíritu que es la palabra de Dios"* (Efesios 6:17), que es una parte muy importante de la armadura de un guerrero espiritual. La palabra de Dios que se llama la espada del Espíritu no es, como muchas personas dan por hecho, la Palabra escrita de Dios, sino más bien la palabra hablada, reveladora, *rhema* de Dios. Esa es la palabra griega que se usó en Efesios. Timoteo había sido equipado para su ministerio cuando el grupo de ancianos impuso manos sobre él y oraron, momento en el que un don de Dios le fue impartido mediante una palabra profética. Pablo se refirió a este hecho cuando escribió a Timoteo: *"No descuides el don espiritual que está en ti, que te fue conferido por medio de la profecía con la imposición de manos del presbiterio"* (1 Timoteo 4:14).

A medida que continuó la vida y el ministerio de Pablo, vemos palabras proféticas personales de dirección que le son dadas una y otra vez. Lo que ocurrió cerca del final de su vida es de mucha instrucción: Pablo mismo debió haber oído los matices concretos del mensaje profético de Dios mejor que los profetas con experiencia y reconocimiento que le rodeaban. Todos ellos oían que Pablo sería perseguido si iba a Jerusalén. (Véase Hechos 20:22–23). Agabo y aparentemente las cuatro hijas profetisas del evangelista Felipe, junto a muchos otros, le advertían que no continuara con su viaje a Jerusalén. (Véase Hechos 21:4, 8–11). Agabo incluso escenificó su advertencia profética:

> Y deteniéndonos allí varios días, descendió de Judea cierto profeta llamado Agabo, quien vino a vernos, y tomando el cinto de Pablo, se ató las manos y los pies, y dijo: Así dice el Espíritu Santo: "Así atarán los judíos en Jerusalén al dueño de este cinto, y lo entregarán en manos de los gentiles".
> (Hechos 21:10–11)

Sin embargo, Pablo estaba resuelto. Él escuchó con detenimiento lo que otros estaban diciendo, pero hizo su valoración en base a lo que el Espíritu Santo le estaba diciendo personalmente. El Espíritu probablemente le estaba asegurando que sería fortalecido en medio de las persecuciones, y que no tenía que tener miedo ante las dificultades venideras. Los profetas reconocieron que, aunque sus palabras eran precisas, eso no significaba que los profetas tenían todo el cuadro en mente, y los profetas respetaron la decisión de Pablo. No violaron la voluntad de Pablo ni le impusieron sus consejos. Admirablemente, Pablo asumió toda la responsabilidad de las consecuencias de su decisión, lo cual requiere mucha seguridad y madurez personal. En vez de orar contra las persecuciones o huir de ellas, las recibió de frente, porque tenemos que suponer que las palabras proféticas de afirmación estaban fluyendo en su propio espíritu. La gente lloraba porque amaban a Pablo, pero consintieron:

> Al escuchar esto, tanto nosotros [el escritor Lucas debe de estar incluyéndose] como los que vivían allí le rogábamos que no subiera a Jerusalén. Entonces Pablo respondió: ¿Qué hacéis, llorando y quebrantándome el corazón? Porque listo estoy no sólo a ser atado, sino también a morir en Jerusalén por el nombre del Señor Jesús. Como no se dejaba persuadir, nos

callamos, diciéndonos: Que se haga la voluntad del Señor.
(Hechos 21:12–14)

Cuando leemos el resto del libro de Hechos, encontramos que, sí, Pablo fue encarcelado en Jerusalén, y esto desencadenó una cadena de acontecimientos que finalmente condujo a su muerte. Pero también vemos cómo el Espíritu le protegió completamente y le guió durante el camino. Él escuchó la voz del Espíritu más de lo que escuchó a las demás personas o a sus propias emociones, y lo hizo bien.

Así, podemos ver que el don de profecía fue parte del modus operandi de la iglesia desde su comienzo, y la gente a menudo recibió el don de profecía junto con el don de lenguas como una evidencia de la llenura del Espíritu Santo. Cuando Pablo impuso sus manos sobre los creyentes de Éfeso, *"vino sobre ellos el Espíritu Santo, y hablaban en lenguas y profetizaban"* (Hechos 19:6). Quizá esto no suceda comúnmente hoy, pero fue mi propia experiencia personal. Yo de hecho comencé a profetizar antes de que me enseñaran acerca de la profecía, antes incluso de oír de ella, y mucho antes de recibir el don de hablar en lenguas.

JUZGAR Y DISCERNIR LAS PROFECÍAS

No podemos tomar la mayoría de profecías al pie de la letra, incluso aunque parezcan claras y simples. La grandeza de Dios nunca se puede contener en unas pocas palabras expresadas por un ser humano, y todo vaso humano limitado puede cometer errores. Pablo escribió: *"Porque en parte conocemos, y en parte profetizamos"* (1 Corintios 13:9). Y cuando Juan era anciano, escribió: *"Amados, no creáis a todo espíritu, sino probad los espíritus para ver si son de Dios, porque muchos falsos profetas han salido al mundo"* (1 Juan 4:1). Todas las profecías, independientemente de quién las declare o lo importantes que parezcan ser, deberían ser confirmadas según estas nueve pruebas bíblicas:

1. ¿La revelación edifica, exhorta o consuela?
2. ¿Está en consonancia con la Palabra escrita de Dios?
3. ¿Exalta a Jesucristo?
4. ¿Da buen fruto? ¿Da el carácter del profeta buen fruto?
5. Si predice un evento futuro, ¿se cumple?
6. ¿La palabra profética vuelve a la gente hacia Dios o les aleja de Él?
7. ¿Produce libertad o esclavitud?
8. ¿Produce vida, o trae muerte?
9. ¿El Espíritu Santo da testimonio de que es verdad?[6]

No deberíamos ignorar nunca la sabiduría de probar las palabras proféticas, especialmente las palabras que "dirigen el tráfico" de alguna manera. Derek Prince escribió:

> El viaje de Pablo a Jerusalén fue probablemente como pasar por una serie de semáforos. Llegaba a un lugar tras otro y la luz estaba en rojo: alto. Se detenía ahí y esperaba, la luz se volvía verde, y seguía al siguiente lugar, donde la luz estaba roja. Esperaba, y la luz se ponía verde. Y así sucesivamente. Vemos que durante toda esta sección de la vida y ministerio de Pablo, el Espíritu estaba dando testimonio mediante otros creyentes, en una combinación de profecía y otros dones, de lo que le esperaba... Y sin embargo, estos hermosos dones del Espíritu de hecho estaban ayudando y dirigiendo a Pablo en su ministerio.[7]

Probar la palabra profética no solo nos aporta una buena salvaguarda contra las malas decisiones, sino que también es parte del proceso de maduración profética. Los profetas se arriesgan al salir a una cuerda floja cada vez que profieren una palabra a otros, pero el discernimiento colectivo proporciona una red de seguridad.

PROPÓSITOS DEL DON DE PROFECÍA

Dios es nuestro buen Padre, y quiere animarnos y aconsejarnos. (Véase, por ejemplo, Oseas 6:1–3). Para cada nueva generación, Él escoge profetas para dar palabras frescas para lograr sus propósitos. Pablo escribió acerca de tres propósitos principales de la profecía: *"Pero el que profetiza habla a los hombres para edificación, exhortación y consolación"* (1 Corintios 14:3). Como notamos antes, la *edificación* se refiere a levantar a las personas en la fe y capacitarlas para ser más eficaces en el ministerio. La *exhortación* tiene que ver con la amonestación y motivación para que la gente haga buenas obras, y es lo mismo que el ánimo. *Consolación* significa dar consuelo o solaz, o aliviar algún tipo de angustia.

Yo llamo a los animadores proféticos "chicos y chicas Berni" por Bernabé, un líder de la iglesia del Nuevo Testamento. "Bernabé" era de hecho un apodo para un hombre llamado José que era levita de la isla de Chipre. (Véase Hechos 4:36). *Bernabé* significa "hijo de consolación". Así como Bernabé edificaba a los miembros de la iglesia primitiva, los "chicos Berni" (como mi amigo Mickey Robinson, un autor y orador internacional) hacen lo mismo hoy. La consolación no es mi inclinación profética, ¡pero estoy contento de tener a algunas personas como él cerca de mí! Nunca podemos tener demasiada consolación y edificación.

El don de profecía también lo usa el Espíritu Santo para convencer a la gente de pecado y para convencerles de las buenas intenciones de Dios para con ellos. Leemos lo siguiente en la instrucción de Pablo sobre el uso del don en asambleas públicas:

> *Pero si uno que no cree o uno que no entiende entra cuando todos están profetizando, se sentirá reprendido y juzgado por todos, y los secretos de su corazón quedarán al descubierto. Así que se postrará ante Dios y lo adorará, exclamando: "¡Realmente Dios está entre ustedes!"*
>
> (1 Corintios 14:24–25, NVI)

Algunas personas hoy enseñan erróneamente que el uso del don de profecía para convicción se aplica solamente a no creyentes, como en este pasaje, pero yo creo que sirve para todos nosotros, ya que todos necesitamos una convicción y convencimiento adicionales durante nuestro camino hacia la santidad. Así como la luz de Dios penetra en los corazones de los no creyentes y de los que buscan, así penetra en el nuestro, capa a capa. Es la tarea del Espíritu Santo "[convencer] *al mundo de pecado, de justicia y de juicio*" (Juan 16:8), y una de las formas en que el Espíritu hace esto es declarando sus palabras *rhema* mediante profetas como usted y como yo.

La profecía es un don de revelación y también un don vocal, y Dios lo usa para instruirnos y enseñarnos: *"Así todos pueden profetizar por turno, para que todos reciban instrucción y aliento"* (1 Corintios 14:31, NVI). Ningún único profeta o maestro puede enseñarlo todo, es necesario una "unción grupal" para hacer el mejor trabajo. Los profetas se dan turnos para proporcionar pedazos de sabiduría y conocimiento, y cuando terminan la obra de su tiempo, el pueblo de Dios es más fuerte.

CÓMO RECIBIR PALABRAS PROFÉTICAS

Las personas pueden recibir palabras proféticas de muchas formas, algunas más comunes que otras. A continuación describimos varias de ellas.

1. *Mediante proclamaciones no premeditadas.* Gran parte de la profecía "brota" de impresiones y pensamientos que se declaran o escriben. El obispo Bill Hamon de Christian International es el experto aquí. Probablemente él ha activado a más gente en esta forma de profecía que cualquier otra persona en la historia de la iglesia. Aunque yo consideraría algunas palabras proféticas que vienen después de esperar en el Señor como palabras de conocimiento, ambos enfoques permiten que la mente de Cristo emerja. (Véase, por ejemplo, 1 Corintios 2:12–16).

2. **Mediante visiones o "trances".** La profecía no siempre se recibe palabra por palabra; a menudo viene de forma visual. Las visiones son imágenes mentales mediante las que Dios se comunica usando símbolos o instrucciones audibles. Mi "papá profético", Bob Jones, fue un precursor en este ámbito en la historia reciente de la iglesia. Este hombre parecía vivir en "lugares celestiales" día y noche, y las visiones del Señor eran su pan diario.

Cuando Dios quiso que el discípulo llamado Ananías fuera a Saulo en Damasco, le habló a Ananías *"en una visión"*. (Véase Hechos 9:10–16). Otros ejemplos de visiones proféticas abundan, como esa tan inspiradora que recibió Isaías: *"En el año que murió el rey Uzías vi yo al Señor sentado sobre un trono alto y sublime, y sus faldas llenaban el templo"* (Isaías 6:1, RVR-1960). (Véase también, por ejemplo, Números 24:1–6).

No hablamos tanto sobre trances como lo hacemos con las visiones, aunque hay muchos precedentes bíblicos de ello muy fiables. Un trance es un estado visionario en el que la conciencia natural y la voluntad de la persona quedan suspendidos y son trascendidos, para que Dios pueda comunicar algo importante. Por ejemplo, cuando Pedro estaba a punto de recibir la instrucción de dejar a un lado su formación judía en cuanto a lo que constituía "impureza" e ir a la casa de un centurión gentil, Dios le puso en un trance antes de hablarle en una visión:

> *Pedro subió a la azotea a orar como a la hora sexta. Tuvo hambre y deseaba comer; pero mientras le preparaban algo de comer, le sobrevino un éxtasis; y vio el cielo abierto y un objeto semejante a un gran lienzo que descendía, bajado a la tierra por las cuatro puntas; había en él toda clase de cuadrúpedos y reptiles de la tierra, y aves del cielo. Y oyó una voz: Levántate, Pedro, mata y come. Mas Pedro dijo: De ninguna manera, Señor, porque yo jamás he comido nada impuro o inmundo. De nuevo, por segunda vez, llegó a él una voz: Lo que Dios ha limpiado, no lo llames tú impuro. Y esto sucedió*

tres veces, e inmediatamente el lienzo fue recogido al cielo. (Hechos 10:9-16)

El apóstol Juan recibió todo el libro de Apocalipsis mientras estaba *"en el Espíritu"* (es decir, en un trance inspirado por el Espíritu Santo) en la isla llamada Patmos: *"Estaba yo en el Espíritu en el día del Señor, y oí detrás de mí una gran voz, como sonido de trompeta, que decía: Escribe en un libro lo que ves, y envíalo a las siete iglesias"* (Apocalipsis 1:10-11).

3. *Mediante sueños (visiones nocturnas).* Yo recibo mucha de mi información profética mediante sueños. Para hacerlo más fácil, oro antes de irme a dormir, pidiéndole a Dios que me hable, y a veces pongo un CD de adoración. Las palabras proféticas que recibo no son solo para mí, aunque diría que a través de los sueños recibo un gran porcentaje de mis tareas acerca de qué escribir o hablar y dónde. Bastante a menudo, recibo algo para otros de modo que entiendan lo mucho que Dios les ama.

El Señor explicó cómo se comunicó mediante sueños proféticos cuando habló desde la nube de humo a Aarón y Miriam, diciendo: *"Oíd ahora mis palabras: Si entre vosotros hay profeta, yo, el Señor, me manifestaré a él en visión. Hablaré con él en sueños"* (Números 12:6). Aquí hay dos ejemplos bíblicos de sueños proféticos que le sugiero que lea: Daniel 7:1-28 (*"Daniel tuvo un sueño y visiones en su mente, estando en su cama. Entonces escribió el sueño…"*) y Génesis 37:5-9 (José tuvo sueños proféticos sobre su futuro como gobernante ante quien se postrarían sus hermanos).

Los sueños proféticos siguen ocurriendo hoy, como dijo el Señor que sucedería a través del profeta Joel (citado después en Hechos 2 por Pedro el día de Pentecostés): *"Y sucederá que después de esto, derramaré mi Espíritu sobre toda carne; y vuestros hijos y vuestras hijas profetizarán, vuestros ancianos soñarán sueños, vuestros jóvenes verán visiones. Y aun sobre los siervos y las siervas derramaré mi Espíritu en esos días"* (Joel 2:28-29).

El difunto John Paul Jackson de Streams Ministries fue uno de los mejores de los mejores en lo tocante a entender sueños. Hay muchos otros hoy, como Barbi Breathitt y Doug Addison. Creo que Dios está levantando una verdadera compañía profética en esta generación.

4. *Mediante visitaciones angélicas.* Vemos un ejemplo de esta forma de comunicación profética en los dos primeros versículos del libro de Apocalipsis:

> *La revelación de Jesucristo, que Dios le dio, para mostrar a sus siervos las cosas que deben suceder pronto; y la dio a conocer, enviándola por medio de su ángel a su siervo Juan, el cual dio testimonio de la palabra de Dios, y del testimonio de Jesucristo, y de todo lo que vio.* (Apocalipsis 1:1–2)

Dos ejemplos adicionales son cuando un ángel llevó una palabra al centurión Cornelio para animarle a invitar a Pedro a que fuera a su casa (véase Hechos 10:1–7, 22), y cuando un ángel acudió a Pablo en el barco en medio de la tormenta para asegurarle que él y todos los del barco serían preservados, un mensaje que Pablo transmitió a los asustados marineros (véase Hechos 27:23–26).

CÓMO LIBERAR PALABRAS PROFÉTICAS

Las palabras proféticas se pueden liberar o expresar de varias formas maravillosas: (1) mediante un simple discurso, (2) mediante gestos y acciones proféticas, (3) escribiendo, (4) mediante una canción, o acompañadas de instrumentos musicales, y (5) mediante muchas otras formas de arte creativas.

1. *Mediante un simple discurso.* El profeta habla a un grupo de personas o a un individuo para comunicarle la palabra profética. (Véase, por ejemplo, 1 Corintios 14:4, 6, 19). Uno de mis amigos no era un gran predicador de plataformas; en cambio, era un "conversador laboral" que liberaba constantemente ideas proféticas a

aquellos a los que hablaba. Necesitamos más de esto para alcanzar a todas las esferas de la sociedad.

2. *Mediante gestos y acciones proféticas.* Un buen ejemplo de esto es lo que el profeta Agabo hizo para advertir a Pablo de lo que le ocurriría cuando llegara a Jerusalén. (Véase Hechos 21:10–11). Para otros dos ejemplos, véase 1 Samuel 15:26–28 y Ezequiel 4.

3. *Escribiendo.* Yo a menudo escribo una palabra profética para que la gente pueda "correr con ella". El Señor le dijo al profeta Habacuc: "*Escribe la visión y grábala en tablas, para que corra el que la lea*" (Habacuc 2:2). Habacuc usó un punzón y tablas de barro en vez de una computadora, un blog o MP3, pero la idea es la misma. Escribir una palabra aporta un medio de pedirle a alguien confirmación y discernimiento si no está muy seguro de una palabra, y es una forma sencilla y básica de escribir lo que el Señor ha dicho.

Otros dos ejemplos del Señor mandando a sus profetas que escribieran palabras proféticas se encuentran en Jeremías 36:1–3, donde a Jeremías se le dijo que escribiera las palabras que había recibido, y en Apocalipsis 1:10–11, donde Juan recibió el mandato de escribir la gran visión que conocemos como el libro de Apocalipsis.

4. *Mediante una canción, o acompañadas de instrumentos musicales.* Hay algo en la música que libera la inspiración profética. Incluso profetas experimentados como Eliseo confiaban en ello: "*Y Eliseo dijo:… Mas traedme ahora un tañedor. Y sucedió que mientras el tañedor tocaba, la mano del* Señor *vino sobre Eliseo*" (2 Reyes 3:14–15). En otro ejemplo: "*David y los comandantes del ejército separaron para el servicio a algunos de los hijos de Asaf, de Hemán y de Jedutún, que habían de profetizar con liras, arpas y címbalos*" (1 Crónicas 25:1). En el Nuevo Testamento, Pablo animó a los creyentes: "*Que la palabra de Cristo habite en abundancia en vosotros, con toda sabiduría enseñándoos y amonestándoos unos a otros con salmos, himnos y canciones espirituales*" (Colosenses 3:16; véase también Efesios 5:19). En nuestro tiempo, tenemos pastores y predicadores proféticos que son buenos músicos y que reciben algunos

de sus mensajes más claros mientras cantan o tocan el piano, como Kim Clement, Joseph Garlington, Julie Meyer, e incluso James Goll (!).

5. *Mediante muchas otras formas de arte creativas.* Esta forma de comunicar una palabra profética ha sido redescubierta en la iglesia moderna. Ya no es extraño ver bailarinas proféticas, teatro profético o pintura profética en medio de celebraciones de adoración. Los bailarines, actores y artistas confían en el Espíritu Santo para recibir su inspiración, y liberan "palabras" que son como visiones dinámicas que se despliegan.

A veces, las palabras proféticas se usan más como "la sazón" en un sermón y otra forma de compartir, en una sesión de consejería o en la oración de intercesión. A menudo, la persona que habla estas palabras no las distingue del contexto en el que se dan. Al margen del paquete, el Espíritu Santo se expresa de una forma que puede beneficiar a los oyentes y conseguir los resultados deseados.

¿Debería encontrar expresión cada palabra profética? No lo creo. Algunas palabras están "demasiado calientes para manejarlas" y se deberían dejar a un lado para manifestarlas en un tiempo posterior, esperando confirmación y afinación. Yo en lo personal he orado por ciertas palabras durante más de quince años hasta que he sentido que tenía el permiso de dárselas a la persona para la que eran. En los eventos mundiales de hoy, algunas cosas están comenzando a pasar ahora que me fueron dichas en 1987. Así pues, sé que la paciencia, parte del fruto del Espíritu, ¡tiene también su recompensa!

Otras palabras sencillamente son demasiado personales como para expresarlas; son entre usted y el Señor, quien le habla como un Amigo. Como María, atesore esas palabras en su corazón y deje que le ayuden a seguir a su Pastor con más intimidad. (Véase Lucas 2:19).

MADURAR EN EL DON DE PROFECÍA

Como sucede con los otros dones del Espíritu, el don de profecía no está limitado a operar dentro de la asamblea de creyentes reunida, donde alguien podría levantarse y ponerse tras un micrófono y declarar una palabra de Dios. Todos los que tenemos el don profético hemos aprendido por la experiencia, "probando las aguas" en distintas situaciones a medida que maduramos en el don, aprendiendo a estar alerta a la palabra del Señor y descubriendo dónde puede Dios usarnos mejor.

Algunas personas le oirán mejor cuando están solos en oración, y un buen número de esos serán instruidos en cómo interceder basados en las revelaciones que han recibido. Otros hablarán en el contexto de grupos de oración o en sesiones de consejería en oración. Algunos intercesores descubrirán que el don fluye mientras están en caminatas de oración, mientras que otros aprenderán a escuchar la dirección de Dios para alcances evangelísticos. (Piense en cómo fue eso con Jesús y la mujer samaritana en Juan 4:4–40).

Con respecto a madurar en el don de profecía, reconozcamos que hay cuatro categorías de revelación profética: el *espíritu* de profecía, el *don* de profecía, el *ministerio* de profecía, y el *oficio* de profeta. Es importante entender cómo estos son distintos y cómo cada uno tiene su lugar.

El espíritu de profecía

Primero, el espíritu de profecía se refiere a esas ocasiones en que el Espíritu de Dios rodea a un grupo de personas en lo que podría llamarse un entorno de gloria. Dios manifiesta su presencia en medio de la asamblea de tal forma que cualquiera puede profetizar, independientemente de si afirma o no tener el don de profecía. Vemos el espíritu de profecía en las Escrituras en la historia del rey Saúl:

> *Saúl envió mensajeros para llevarse a David, pero cuando vieron al grupo de los profetas profetizando, y a Samuel de pie presidiéndolos, el Espíritu de Dios vino sobre los mensajeros de Saúl, y ellos también profetizaron. Cuando se lo dijeron a Saúl, envió otros mensajeros, y también ellos profetizaron. Y por tercera vez Saúl envió mensajeros, y ellos también profetizaron.* (1 Samuel 19:20-21)

El don de profecía

Segundo, el don de profecía, en el cual nos hemos estado enfocando en este capítulo, es el don espiritual que Dios da generosamente a su pueblo para edificarles y ayudarles a caminar con pasos firmes de fe. (Acuda de nuevo a 1 Corintios 12:10; 14:6, 24, 31).

El ministerio de profecía

Tercero, las personas que ejercitan el don de profecía regularmente con el tiempo tienen un ministerio de profecía, desarrollando lo que podríamos denominar un don "residente", un ministerio que no es circunstancial u ocasional.

El oficio de profeta

Más allá del ministerio de profecía está el oficio de profeta (o profetisa). Tales profetas son los que deberían llevar el título de "profeta", en mi opinión. Para destellos de cómo operaban en la iglesia del Nuevo Testamento, vemos Hechos 13:1-3; 15:32; 21:10-11; 1 Corintios 12:28-29; Efesios 2:18-22; 3:4-6; 4:11-13. De muchas formas, son como los profetas del Antiguo Testamento que reunían "escuelas" de otros profetas a su alrededor.

Los que tienen el oficio de profeta son personas que equipan; pueden decirles a otros cómo opera el don. Muchas personas que profetizan no pueden ser consideradas así porque no pueden decirle cómo opera el don, solo lo hacen (algunos de ellos de forma brillante). Personas en el oficio de profeta son como padres o madres espirituales, o personas que equipan, cuyo énfasis (además transmitir las palabras que Dios les da) está en la multiplicación. Enseñan y modelan un estilo de vida profético. Se han ganado la credibilidad y la autoridad para dar dirección y corrección a los que operan en las funciones proféticas básicas de edificación, exhortación y consolación.

En 1 Corintios 12:28, donde dice que *"en la iglesia, Dios ha designado: primeramente, apóstoles; en segundo lugar,* **profetas***; en tercer lugar, maestros; luego, milagros; después, dones de sanidad, ayudas, administraciones, diversas clases de lenguas",* es el oficio de profeta a lo que se refiere. El oficio de profeta está a la par que el oficio apostólico (véase Efesios 2:20; 3:5); tal nivel de madurez y autoridad de los profetas se equipara al de los apóstoles (no particularmente al de pastores, porque los pastores solo tienen autoridad sobre una iglesia local). Los apóstoles son edificadores, como lo son quienes operan en el oficio de profeta. Por eso, cuando un profeta conocido (alguien con el ministerio pero no con el oficio) llega a una asamblea local, él o ella no debería usurpar la autoridad del pastor sino más bien respetar los límites dados, operando como alguien que bendice y anima, no como alguien que da direcciones y correcciones divinas.

En otras palabras, hay una diferencia entre revelación y autoridad. Usted puede recibir revelación profética, pero eso no le autoriza a dirigir decisiones dentro del cuerpo. A menos que haya sido reconocido como alguien que opera en el oficio de profeta, carecerá no solo de la autoridad espiritual sino también de la sabiduría para interpretar y aplicar la palabra del Señor. No significa que sea usted incorrecto en lo que ha recibido; solo significa que quizá no está posicionado para hacer tanto con ello como lo haría si hubiera madurado en el oficio de profeta. (Sin embargo, no quiero decir con esto que todo el que haya recibido un don de profecía terminará ocupando el oficio de profeta, así como no todos los pastores terminarán siendo apóstoles. Depende del llamado de cada uno).

Resumen: Dios usa toda la variedad profética para hablar a su pueblo en cada situación. Él usa no solo el oficio de profecía sino también el espíritu de profecía, el don de profecía y el ministerio de profecía.

LIBERAR EL TESTIMONIO DE JESÚS

Finalmente, este es el asunto de toda profecía: liberar el testimonio de Jesús. Este es el cuadro visionario de Juan del libro de Apocalipsis:

> *Entonces [Juan] caí a sus pies [del ángel] para adorarle. Y me dijo: No hagas eso; yo soy consiervo tuyo y de tus hermanos que poseen el testimonio de Jesús; adora a Dios. Pues el* **testimonio de Jesús es el espíritu de la profecía.**
>
> (Apocalipsis 19:10)

Jesús quiere testificar, y Él usa a hombres y mujeres para hacerlo. Los que sirven como su voz no atraen atención a ellos mismos sino más bien al mensaje y al mensajero: el Espíritu Santo. Ya sea que la profecía se trate de eventos venideros transcendentales o de una simple reafirmación (como "¡No temas!"), esta libera el testimonio del Cordero que fue sacrificado y que ahora está sentado a la diestra del Padre.

Sí, el testimonio de Jesús se libera mediante el espíritu de profecía. Y yo estoy aquí para decir que ninguno de los dones del Espíritu Santo ha cesado. Si sabe dónde mirar, puede atestiguar el hecho de que se liberan en nuestros días de una manera sin precedente. Estoy muy agradecido por una nueva generación tanto de líderes como de creyentes comunes que se están moviendo en los dones de revelación, en los dones de poder y en los dones vocales del Espíritu Santo. Todd White, que estaba entre los que salieron en el documental *El Espíritu Santo*, de Darren Wilson, está siendo usado para levantar el listón y llamar a evangelistas proféticos en nuestro tiempo. Mis hijos en la fe, Matt Sorger, Steven Springer y Munday Martin, junto con muchos otros, están fluyendo con gran facilidad en los ámbitos de lo profético y lo sobrenatural. ¡Es un nuevo día! Pero los dones del Espíritu no son para una élite reducida; ¡son para cada creyente hoy!

⸻

¡Gracias, Señor, por derramar tu Espíritu Santo hoy! Estoy muy agradecido de estar vivo en este tiempo de la historia de la iglesia. Dame más oportunidades para liberar la fragancia de Jesús por todo lugar donde vaya y animar y consolar a otros mediante el don de profecía. Ven, Espíritu Santo, con más poder en mi vida y en las vidas de los miembros de mi familia. En tu amor, empodéranos con tus dones de revelación, para beneficio de tu reino. ¡Gloria al Señor! ¡Amén!

EXHORTACIÓN FINAL: CÓMO CUMPLIR LA GRAN COMISIÓN HOY

> "Id, pues, y haced discípulos de todas las naciones, bautizándolos en el nombre del Padre y del Hijo y del Espíritu Santo, enseñándoles a guardar todo lo que os he mandado; y he aquí, yo estoy con vosotros todos los días, hasta el fin del mundo".
> —Mateo 28:19–20

Las últimas palabras de las personas son muy importantes. A menudo expresan eso que arde en ellos con más intensidad para que deje una impresión duradera en otros. Lo sé. La última palabra que recibí de mi difunta esposa, Michal Ann Goll, llegó en una tarjeta (¡entregada por un ángel de parte de ella!) que decía: "¡Nunca, nunca, nunca, nunca abandones!". Llevo esa tarjeta con esas penetrantes palabras en su sobre azul en mi Biblia por todo el mundo. Esas palabras siguen resonando en mi ser a lo largo de todos estos años.

¡Cuánto más deberíamos llevar las últimas palabras escritas de Jesús en Mateo 28:19-20, dadas arriba, y dejar que ardan en nuestros corazones y sean la motivación para nuestras vidas hoy! Deberíamos también considerar estas palabras narradas en la Escritura: *"Jesucristo es el mismo ayer y hoy y por lo siglos"* (Hebreos 13:8). Este versículo no dice nada parecido a las siguientes frases, que muchas personas piensan que Jesús nos está diciendo: "Lo que hice ayer es suficientemente bueno. Está escrito para que lo lean. Lo hice en un tiempo, pero lo siento, amigos, ya no hago esas cosas. ¡Pero pueden leer acerca de esos grandes momentos!".

Por el contrario, Jesús hizo fuertes declaraciones que sería difícil exagerar, como *"En verdad, en verdad os digo: el que cree en mí, las obras que yo hago, él las hará también; y aun mayores que éstas hará, porque yo voy al Padre"*. Yo no me inventé esto. Está en Juan 14:12 en el Nuevo Testamento. No es una línea de una escena futurista sobre una gran aventura imaginaria. Son las palabras de Jesús. Él está esperando a que creamos en Él para que nosotros también podamos hacer cosas *"aun mayores"*, ¡hoy!

Tengo un sueño en mi corazón. Quiero ver a todo el cuerpo de Cristo globalmente, los que creen que las palabras de Jesús son ciertas y para hoy, levantarse empoderados por el Espíritu Santo para "¡hacer las cosas!". No para ser famosos (¡por favor!), y no para iluminar sus nombres, sino para hacer las obras de Jesús para que la fama de su nombre se extienda por todo lo ancho y largo para que la gloria del Señor cubra la tierra como las aguas cubren el mar. (Véase Habacuc 2:14). ¿Es mi sueño demasiado grande? Bien, yo no me lo inventé, tampoco, ¡porque es el sueño de Dios!

Comencé este libro con un corto prefacio llamado "¡Hágalo!". Ahora estoy concluyendo el libro con una breve exhortación: "Cómo cumplir la gran comisión hoy". ¿Cómo tendrán la vida y el mensaje de Jesucristo una oportunidad de impactar cada nación y grupo étnico sobre la faz de la tierra? ¿Cómo serán verdaderamente cambiados y discipulados los habitantes del mundo? ¿Solamente leyendo acerca de las cosas que Dios hizo en el pasado? ¿Acaso su nombre es "Jehová 'Fue'"? ¿Se reveló Dios a sí mismo como el gran "Yo fui"? No lo creo. ¡Él es el gran Yo Soy!

¡Entre en la aventura de su vida recibiendo y liberando los dones del Espíritu Santo hoy! Sea empoderado por amor de Jesucristo para causar un impacto permanente en el mundo que le rodea mediante palabras y obras con el gran, gran, gran amor de Dios. Usted ha recibido una comisión para hacer las obras de Jesús a través de la operación completa de los dones del Espíritu, ¡hoy! Bendiciones para cada uno de ustedes, mis queridos colaboradores.

Ahora permítame orar por usted.

Padre, como cierre de este estudio sobre los dones de tu Espíritu Santo, inspira a cada creyente con el mensaje de esperanza de que su vida es importante. Produce citas divinas para estos amigos que han leído este libro. Señor, que tú seas glorificado en todo lo que hagamos y digamos. Permite que la fragancia de Cristo sea liberada mediante nuestras vidas e impacte a todos los miembros de nuestra familia. Empodéranos como nunca antes para que Jesucristo reciba las recompensas de su sufrimiento. Te damos gracias por los días en que vivimos, y declaramos: "¡Lo mejor aún está por venir!".

¡Amén!
—*James W. Goll*

NOTAS

Capítulo 1: ¿Qué son los dones espirituales?

1. John Wimber, "Signs and Wonders, MC510", enseñanza en audio basada en una clase enseñada en el Seminario Teológico Fuller (Anaheim, CA: Vineyard Ministries International, 1985).
2. El concepto de la "mano bailarina de Dios" es principalmente una referencia simbólica a la actividad espontánea del Espíritu Santo en donde se mueve sobre distintos individuos de una forma en particular y los unge o capacita con una gracia o don para esa situación o reunión concreta. Él "aterriza" o "cae" sobre los creyentes reunidos y capacita a varios para operar, recibir y liberar varios dones.
3. Wimber, "Signs and Wonders." El énfasis es mío.
4. Dick Iverson, *The Holy Spirit Today* (Portland, OR: City Bible Publishing, 2006), p. 75.
5. C. Peter Wagner, *Discover Your Spiritual Gifts* (Ventura, CA: Regal Books, 2005), p. 20.
6. Ibid., pp. 21–22.
7. Derek Prince, *The Gifts of the Spirit* (New Kensington, PA: Whitaker House, 2007), p. 20.

Capítulo 4: El don de discernimiento de espíritus

1. Ver Kenneth Hagin, *The Holy Spirit and His Gifts* (Tulsa, OK: Kenneth Hagin Ministries, 1991), pp. 109–111.
2. Iverson, *Holy Spirit Today*, p. 125.
3. David Pytches, *Spiritual Gifts in the Local Church* (Minneapolis, MN: Bethany House, 1985), p. 87.
4. Sam Storms, *The Beginner's Guide to Spiritual Gifts* (Minneapolis, MN: Bethany House, 2012), p. 131.

Capítulo 5: El don de palabra de sabiduría

1. Prince, *Gifts of the Spirit*, p. 53.
2. Storms, *Beginner's Guide*, p. 46.

3. Iverson, *Holy Spirit Today*, p. 106.
4. Wimber, "Signs and Wonders".
5. Los dones del Espíritu son como los colores del arcoíris, mezclándose para producir el resultado final. Aquí, los dones de discernimiento de espíritus y sabiduría se mezclan sin esfuerzo alguno. Hablaré más de este concepto en el capítulo 6.

Capítulo 6: El don de palabra de conocimiento

1. Storms, *Beginner's Guide*, p. 49. El énfasis es mío.
2. Wagner, *Discover Your Spiritual Gifts*, p. 110. Mi aportación está entre corchetes.
3. Prince, *Gifts of the Spirit*, p. 73.
4. Wimber, "Signs and Wonders".
5. Pytches, *Spiritual Gifts*, p. 99.
6. James W. Goll, et al., *Adventures in the Prophetic* (Shippensburg, PA: Destiny Image, 2010), pp. 16–18. El énfasis está en el original.

Capítulo 7: El don de fe

1. Hagin, *Holy Spirit and His Gifts*, p. 118, énfasis en el original.
2. Iverson, Iverson, *Holy Spirit Today*, p. 131, énfasis en el original.
3. Pytches, *Spiritual Gifts*, p. 109.
4. Lester Sumrall, *The Gifts and Ministries of the Holy Spirit* [updated edition] (New Kensington, PA: Whitaker House, 1982), pp. 96–97.
5. De la canción "More Love, More Power" de Jude Del Hierro.

Capítulo 8: Los dones de sanidades

1. Storms, *Beginner's Guide*, p. 69.
2. Prince, *Gifts of the Spirit*, p. 128.
3. Ibid., p. 129.
4. Hagin, *Holy Spirit and His Gifts*, p. 133.
5. Wimber, "Signs and Wonders".

Capítulo 9: Hacer milagros

1. Storms, *Beginner's Guide*, p. 88.
2. Iverson, *Holy Spirit Today*, p. 151.
3. Wayne Grudem, citado en Storms, *Beginner's Guide*, p. 88.

Capítulo 10: El don de varios tipos de lenguas

1. Hagin, *Holy Spirit and His Gifts*, p. 149.
2. Storms, *Beginner's Guide*, p. 162.
3. Ibid., p. 156.

Capítulo 11: El don de interpretación de lenguas

1. Prince, *Gifts of the Spirit*, p. 168.
2. Wimber, "Signs and Wonders"; Pytches, *Spiritual Gifts*, p. 73.
3. Hagin, *Holy Spirit and His Gifts*, p. 157.
4. Ibid.
5. Iverson, *Holy Spirit Today*, p. 175.
6. Storms, *Beginner's Guide*, p. 193.
7. Véase Prince, *Gifts of the Spirit*, pp. 171–173.
8. "Si alguno habla en lenguas, que hablen dos, o a lo más tres, y por turno, y que uno interprete; pero si no hay intérprete, que guarde silencio en la iglesia y que hable para sí y para Dios. Y que dos o tres profetas hablen, y los demás juzguen. Pero si a otro que está sentado le es revelado algo, el primero calle. Porque todos podéis profetizar uno por uno, para que todos aprendan y todos sean exhortados. Los espíritus de los profetas están sujetos a los profetas" (1 Corintios 14:27–32).

Capítulo 12: El don de profecía

1. Storms, *Beginner's Guide*, p. 110.
2. Prince, *Gifts of the Spirit*, pp. 182–83.
3. W. E. Vine, *Vine's Complete Expository Dictionary of Old and New Testament Words* (Nashville, TN: Thomas Nelson, Inc., Publishers, 1984, 1986), p. 492, Greek #4394. Todos los derechos reservados.
4. *Strong's Talking Greek and Hebrew Dictionary*, QuickVerse 10, Hebrew #5012.
5. Wimber, "Signs and Wonders".
6. Véase, por ejemplo, Prince, *Gifts of the Spirit*, pp. 203–222.
7. Ibid., p. 192.

ACERCA DEL AUTOR

James W. Goll es un amante de Jesús y cofundador de Encounters Network, que está dedicado a cambiar vidas e impactar naciones liberando la presencia de Dios mediante un ministerio profético, intercesor y compasivo. James es el director de Prayer Storm, una casa de oración 24/7/365 basada en los medios electrónicos. También es el fundador de God Encounters Training e-School of the Heart, donde la fe y la vida se encuentran.

Tras pastorear en el Medio Oeste, James se lanzó a la función de equipar y entrenar internacionalmente. Ha viajado mucho a todos los continentes, llevando una pasión por Jesús dondequiera que va. Es miembro del equipo apostólico de Harvest International Ministry y consultor de ministros por todo el mundo. James desea ver el cuerpo de Cristo convertirse en la casa de oración para todas las naciones y ser empoderado por el Espíritu Santo para extender las buenas nuevas a cada nación y a todas las personas. Es autor de muchos libros y manuales de entrenamiento, y colaborador en varias publicaciones.

James y Michal Ann Goll estuvieron casados durante más de 32 años antes de que ella se graduara para entrar al cielo en el otoño de 2008. Tienen cuatro maravillosos hijos adultos, todos ellos casados; y James es ahora el abuelo de tres adorables nietos. Tiene su hogar en el encanto del sur de Franklin, Tennessee, y sigue en su búsqueda apasionada del Amante de su alma.

Para más información:

James W. Goll
Encounters Network
P.O. Box 1653
Franklin, TN 37065

www.encountersnetwork.com ♦ www.prayerstorm.com
www.compassionacts.com ♦ www.GETeSchool.com
info@encountersnetwork.com o inviteJames@gmail.com

www.ingramcontent.com/pod-product-compliance
Lightning Source LLC
Chambersburg PA
CBHW051053160426
43193CB00010B/1165